MINI GUIDE HACHETTE

Chats

Gabriele LINKE-GRÜN • Photographies de Monika WEGLER

hachette
NATURE

une petite photo

MON CHAT S'APPELLE

Informations concernant mon chat

Date de naissance : .... Sexe : ....

Race : ....

N° tatouage / puce : ....

Mes coordonnées

Nom : ....

Adresse : ....

Code postal : .... Ville : ....

N° de téléphone : .... E-mail : ....

Coordonnées de l'éleveur ou de l'animalerie

Nom : ....

Adresse : ....

Code postal : .... Ville : ....

N° de téléphone : .... E-mail : ....

Site Internet : ....

La race de mon chat

Nom de la race : .... Origines : ....

Caractéristiques de la race : ....

....

Taille prévue à l'âge adulte : .... Poids : ....

Je l'ai choisi parce que...

-) J'ai lu dans son regard qu'il voulait m'adopter.
-) Il avait l'air en très bonne santé, fin et élégant.
-) C'était le plus mignon.
-) Il était timide et avait besoin de tendresse.

Autre : ....

....

Sommaire

Tout savoir sur les chats

Ce petit prédateur peut-il être heureux en appartement, privé d'un de ses plus grands plaisirs, la liberté d'aller et venir à sa guise ? Si vous connaissez bien la nature, les capacités et les grandes lignes du mode de vie de votre chat, rien ne s'opposera à une cohabitation harmonieuse.

LA VIE AU QUOTIDIEN

Comment un chat, habitué à courir dehors, dépense-t-il son temps lorsqu'il reste à l'intérieur ? Il est primordial de répondre à cette question pour donner au chat d'appartement les bases d'une vie saine et heureuse.

La journée du chat

Prenons l'exemple de Minou, un chat domestique avec « droit de sortie ». Minou a un territoire qu'il considère naturellement comme sa propriété personnelle. Attention ! Un congénère qu'il n'aime pas approche. Une bagarre s'ensuit. Il peut, en effet, arriver que des chats se partagent un territoire sans pour autant souhaiter se rencontrer ! Des messages odorants indiquent à chaque membre de la communauté qui peut utiliser quoi et quand.

Minou est cependant le seul maître en son royaume. Il inspecte son territoire plusieurs fois par jour. Il occupe alors volontiers des postes d'observation (sur la clôture du jardin ou un rebord de fenêtre). Il aime somnoler à l'abri des regards ou prendre un long bain de soleil affalé sur la terrasse. Il adore se cacher dans les herbes hautes et espionner sans être vu. Minou poursuit un petit lézard qui se met hors de sa portée ; il se faufile sous la haie pour pourchasser des souris...

Minou est aux aguets : il adore chasser les papillons et les oiseaux. Et puis, il y a les poissons rouges du voisin ; bien sûr, on ne peut pas les attraper, mais ils sont quand même bien intéressants. Ah oui, il ne faut pas oublier le moment de la toilette, très minutieuse. Et voilà la journée de Minou qui s'achève déjà...

De là-haut, ce petit chasseur voit tout et se sent en sécurité. Personne ne peut l'approcher sans être vu.

Des sentiers balisés

Le chat inspecte son territoire à certains moments de la journée, et toujours selon un plan de promenade établi – de préférence en boucle.

EN APPARTEMENT. Prévoyez un parcours intéressant à travers l'appartement, comprenant différents niveaux de difficulté et des éléments pour se balancer, sauter et grimper *(voir p. 27)*.

De belles vues

Qui n'aime pas avoir une vue d'ensemble et donc un certain contrôle sur la situation ? Les chats ne font pas exception à cette règle. Sur les promontoires en hauteur, non seulement ils se sentent en sécurité, mais ils profitent également d'une superbe vue sur tout ce qui se passe en bas.

EN APPARTEMENT. Là aussi, la vue doit être dégagée. L'arbre à chat, une étagère ou le rebord de la fenêtre peuvent constituer de très intéressants postes d'observation stratégiques *(voir pages 28 et suivantes)*.

Un temps pour se détendre

Les chats passent plus de la moitié de la journée à dormir, somnoler ou simplement se reposer. Pour cela, ils préfèrent les endroits chauds, secs, abrités des courants d'air et, si possible, en hauteur, afin de toujours garder une vue d'ensemble et d'être en sécurité – car les petits chasseurs ne se reposent guère à l'extérieur.

Les phases de sommeil des chats se distinguent par leur intensité. Des phases de sommeil léger alternent ainsi avec des phases de sommeil profond et réparateur, dès lors que le chat se sent en sécurité. Lorsqu'il est dans un demi-sommeil, son ouïe fonctionne parfaitement. Dès le moindre bruit inhabituel, son corps se raidit et se prépare à réagir. Par exemple, quand il perçoit le bruit connu de la boîte de nourriture qui s'ouvre, le chat est tout ouïe et approche rapidement.

EN APPARTEMENT. Un logement adapté au chat doit comprendre plusieurs endroits douillets et confortables, entre lesquels l'animal pourra choisir selon ses envies et ses humeurs. Il peut s'agir d'un panier confortable, d'une couverture installée près d'un radiateur, ou encore du refuge favori du chat : le lit de son maître.

La toilette du chat. Le chat passe plusieurs heures par jour à nettoyer son pelage. Sa langue rugueuse remplace le peigne.

Les chats passent plus de la moitié de la journée à dormir et à se détendre. La chasse les fatigue, même s'il s'agit d'attraper une souris en peluche dans l'appartement.

La fièvre de la chasse

Chasser et attraper des proies comptent parmi les occupations favorites des chats. Leur instinct de prédateur est inné, mais ils doivent apprendre les différentes techniques de chasse, comme approcher à pas de loup d'une souris, décapiter un oiseau ou pêcher. Les chats sont idéalement équipés pour la chasse : un squelette particulièrement élastique et des sens très aiguisé *(voir p. 12 et 13)*. Ces différents atouts les aident à attraper facilement leurs victimes.

S'ils voient quelque chose bouger, qui pourrait être une proie, ou qu'ils entendent le moindre bruit, leur fièvre de la chasse se déchaine. Qu'ils soient déjà rassasiés importe peu.

EN APPARTEMENT. Une vie sans proies en chair et en os n'a d'intérêt pour le chat que si vous lui offrez la possibilité de se défouler physiquement comme s'il chassait dans la nature. Pour que votre chat puisse libérer son trop plein d'énergie et qu'il conserve son équilibre psychique, vous devez donc jouer tous les jours avec lui au jeu « du chasseur et du chassé ». Simulez la proie et votre chaton se précipitera sur le trophée convoité *(voir p. 52)*. Offrez-lui également des jouets avec lesquels il pourra s'occuper tout seul. Tout ce qui est léger et que le chat peut facilement pousser ou envoyer en l'air d'un simple coup de patte, l'intéresse particulièrement *(voir p. 48)*.

LES CHATS ONT UN EMPLOI DU TEMPS

« Horloge interne »

Les chats ont un sens infaillible des horaires. Des activités, telles que l'inspection de leur territoire, se déroulent selon un emploi du temps déterminé.

Fiabilité

Les chats s'attendent à ce que leur maîtres respecte des horaires, notamment pour les nourrir ou jouer avec eux. Si vous oubliez ces rendez-vous, votre entente risque d'en pâtir.

PERCEVOIR L'ENVIRONNEMENT AVEC LES SENS

Le toucher

Les moustaches du chat (vibrisses) sur le visage et ses poils à l'arrière des pattes antérieures, réagissent au toucher et lui permettent aussi d'évaluer la largeur d'un passage. Les coussinets palmaires sont munis de récepteurs du tact sensibles, non seulement à la pression, mais aussi aux chocs.

Le goût

Les papilles gustatives lui permettent de distinguer les saveurs acides, amères et salées. En revanche, il n'est pas sensible au goût sucré. L'organe de Jacobson, situé dans la voûte du palais, détecte les phéromones sexuelles et autres odeurs qui deviennent « goûtables » via la langue.

L'odorat

L'odorat est essentiel pour la communication des chats. Non seulement, le chat marque son territoire avec des messages odorants, mais il juge aussi ceux qui l'entourent en les sentant, et les rituels de salut passent par le nez.

La vue

Le champ de vision du chat est de 280 degrés. Il a une bonne vision spatiale et évalue précisément les distances. Son acuité visuelle est la meilleure entre deux et six mètres. Son oeil comporte une couche qui réfléchit la lumière et lui assure une excellente vue crépusculaire. Il distingue bien le jaune et le bleu, moins bien le rouge et l'orange.

L'ouïe

Le chat entend extraordinairement bien. Il réagit à des sons aigus parfaitement inaudibles pour l'homme. Ses oreilles fonctionnent comme des pavillons très mobiles et indépendants qui peuvent ainsi localiser les sources de bruit.
Tous les sons ne sont pas « traités » de la même manière. Le chat fait simplement abstraction des sons qui ne l'intéressent pas. Les bruits associés à des stimuli, comme l'ouverture de la porte du réfrigérateur (qui signifie « friandises ») éveillent immédiatement le chat.

LA GARANTIE D'UNE COHABITATION RÉUSSIE

Chaque chat a sa propre personnalité. C'est aux chats et aux humains de trouver, ensemble, comment faire pour que leur relation fonctionne au mieux. Si vous le pouvez, prenez le temps de bien réfléchir avant de ramener chez vous un petit compagnon à quatre pattes.

Qu'avez-vous à lui offrir ?

PLACE. La taille de l'appartement n'est pas essentielle pour les chats, mais la structure de l'espace vital est déterminante. Si le chat est exclusivement gardé en appartement, un lieu de 20 m², sans balcon, ne suffit pas. L'appartement doit, en effet, compter au moins deux pièces pour permettre à votre animal aux pattes de velours de se retirer sans être vu. Les jeunes chatons ont aussi besoin de place pour jouer et se défouler.

SITUATION DE VIE. Il est important de choisir un chat qui corresponde à votre mode de vie et à votre caractère. Pour les familles avec des enfants, les chatons qui disparaissent sous le canapé au moindre bruit ne sont pas idéaux. Des petits tigres curieux et sûrs d'eux, un peu plus forts, s'intégreront mieux à la famille. Les personnes plus âgées opteront plutôt pour un animal doux et câlin. Un chat adulte, de nature calme, leur conviendra parfaitement.

TEMPS. Les chats d'appartement ont besoin de plus de stimulation et de divertissement que ceux qui vivent en liberté. Même s'ils passent en moyenne 15 heures par jour à dormir et à rêvasser, un peu d'action leur est indispensable. Si vous êtes absent durant toute la journée, un chat unique peut déprimer. Beaucoup tuent le temps en dormant encore plus, certains développent des troubles du comportement en devenant sales ou agressifs. C'est l'appel au secours d'un « prisonnier isolé ». C'est pourquoi il est préférable d'acheter deux chats dès le début *(voir encadré page 15)*. Il existe également des chats qui préfèrent vivre seuls. Cela ne veut toutefois pas dire qu'il ne faut pas socialiser un chat unique a priori heureux.

CARACTÈRE. Êtes-vous tolérant, compréhensif et avez-vous le sens de l'humour ? Si oui, vous êtes un partenaire idéal pour le chat.

Les chats en appartement

Les trois éléments qui suivent sont essentiels si vous avez choisi d'avoir un chat en appartement :

UNE BONNE SOCIALISATION. Entre la deuxième et la septième semaine de vie, des modèles de comportements sociaux se mettent en place. Les expériences qu'un chaton fait alors le marquent pour toute sa vie.

Tout savoir sur les chats

S'il grandit dans un groupe de chats, avec des animaux adultes et des frères et des sœurs, il deviendra un animal sûr de lui et plus ouvert à l'égard de ses congénères. S'il noue des contacts positifs avec des êtres humains de sexe et d'âge différents, il leur fera plus facilement confiance à l'âge adulte. Ses nombreuses

Le monde à l'envers. Ce chaton s'enfuit devant un hamster. Pourtant, lorsqu'il sera plus grand, ce sera sans doute l'inverse. Les hamsters sont, en effet, des proies idéales pour les chats.

expériences, telles que s'habituer à des bruits variés (comme celui de l'aspirateur ou du mixeur), faire connaissance avec d'autres espèces animales, courir sur différents terrains ou voyager en voiture dans une boîte de transport, renforcent sa nature et son assurance.

« PARFUM DE LIBERTÉ» INCONNU. Celui qui ne connaît pas un certain plaisir, ne peut pas le regretter! Cela vaut aussi pour les chats. Optez donc absolument pour un chat habitué à vivre en appartement. Les chatons de la campagne,

COUP DOUBLE

Qui le chat supporte-t-il ?

Il est difficile d'apporter une réponse générale à cette question. Les frères et soeurs d'une même portée et les chatons qui ont grandi ensemble se supportent habituellement bien. Il en est de même pour les chats bien assortis en termes d'âge et de caractère. En revanche, les chatons excités peuvent parfois trop exiger d'un vieux chat. *Voir aussi conseils p. 62.*

JEUX DE CHATS

JEUX À DEUX

À deux, les chats s'ennuient rarement, surtout s'ils s'entendent bien. L'un des deux chats cherche la bagarre pour jouer. L'autre hésite encore mais semble intéressé. Lorsque le chat ne sait pas bien comment libérer toute son énergie en appartement, une petite bataille peut lui faire du bien. Ces deux jeunes chats exercent ainsi leurs capacités physiques et apprennent les limites avec leurs congénères. Cela peut être utile !

DISTRACTION

Lorsque son maître arrive, le chat abandonne son compagnon de jeu.
Sa passion pour la chasse est tout à coup éveillée par la proie (une plume) qu'agite son maître devant lui. L'autre félin est surpris par ce revirement soudain. Alors qu'il appréciait sa compagnie il y a encore quelques minutes, son ami lui préfère maintenant quelques plumes voltigeantes.

REPRISE DES JEUX

Une fois les plumes attrapées, le petit tigre s'intéresse de nouveau à son compagnon et se défoule avec lui.

mi-sauvages habitués à la liberté, accepteront difficilement de vivre en appartement dans un espace limité. Ils regretteront sans doute toujours leur liberté, même si vous êtes prêt à créer un paradis pour chat dans votre appartement.

PAS TROP JEUNE. Les jeunes chats ne doivent pas être séparés de leurs mère, frères et sœurs et autres congénères, avant l'âge de 12 semaines. Les animaux trop jeunes ou élevés sans leur mère présentent d'importants problèmes de développement. Ils n'ont pas ou presque pas de comportement social. De tels chats se révèlent souvent plus tard des animaux à problèmes, excessivement craintifs ou, au contraire, véritablement agressifs.

Comment trouver le chat de vos rêves

CHEZ UN ÉLEVEUR. Vous devez absolument voir vous-même le chat que vous allez acquérir, à la fois dans votre propre intérêt et dans celui de votre futur chaton d'appartement. Vos observations vous permettront de vous faire votre propre idée. Comment les propriétaires se comportent-ils avec leurs animaux? Les traitent-ils tendrement? Vous posent-ils des questions sur vos relations personnelles? Si oui, cela signifie qu'ils s'intéressent tout simplement à la future maison de leur animal. Comment se comportent les chatons? Disparaissent-ils dès qu'ils vous aperçoivent? Si oui, cela révèle un problème de socialisation *(voir p. 14)*. S'ils vous entourent avec curiosité, cela montre, en revanche, qu'ils cherchent à établir le contact *(voir Test de comportement ci-contre)*, vous avez fait le bon choix. Tous les animaux doivent naturellement être vaccinés et vermifugés *(voir p. 73)*.

CHATS DE REFUGE. La visite d'un refuge vaut la peine, car nulle part ailleurs vous n'aurez un aussi grand choix de chats. La personnalité des chats adultes est déjà formée. Vous pouvez distinguer des tempéraments et des caractères. Le personnel du refuge peut parfois vous informer sur les antécédents de l'animal. Il s'agit toutefois souvent de chats trouvés. Si deux chats semblent manifestement amis, prenez tout de suite les deux.

CONSEILS D'EXPERT

Vif et en bonne santé

Examen de santé.
Les chats en bonne santé ont les yeux clairs, sans écoulement. Leurs oreilles sont propres, sans odeur et sans dépôt. Le pelage est épais et brillant (pour les chats à poils courts). La peau ne présente pas de croûtes. Le ventre et les flancs ne sont ni trop creux, ni trop gonflés (signe de vers!). L'anus est propre, les poils non collés.

Test de comportement.
Une même portée peut comprendre des chatons de caractères différents. Comment pouvez-vous les distinguer? Asseyez-vous par terre, parlez avec une voix douce et froissez un peu de papier dans votre main. Qui s'approche de vous en premier? L'explorateur. Qui laisse passer ses frères et sœurs devant, mais les suit? Le prudent. Qui reste de marbre et trouve plus amusant de se battre avec ses frères et sœurs? Le petit brigand. Qui profite de vos caresses en ronronnant? Le câlin. Choisissez les chatons qui vous conviennent. Sachez également que ces animaux ont un instinct infaillible pour trouver le «bon» maître.

MAINE COON

Chat majestueux qui a besoin de beaucoup de place. Il est tendre et plutôt discret de nature.

PORTRAITS DE CHATS

SACRÉ DE BIRMANIE

Un chat gentil qui s'entend bien avec les humains, y compris les enfants. Il est doux, conciliant et joueur. Il apprécie que son maître lui consacre du temps.

BRITISH SHORTHAIR

Ces«nounours» à l'épais pelage ras sont des représentants calmes et posés de la société des chats. Bien que fidèles, ils n'apprécient pas d'être «harcelés» par leur maître.

PERSAN

Ils sont généralement calmes et posés, mais se révèlent souvent étonnamment remuants lorsqu'il s'agit de jouer. Les Persans se plaisent en appartement, car ils ont besoin de peu d'espace.

ABYSSIN

Ces «grimpeurs» dynamiques et élégants sont sociables, accommodants, joueurs et très intelligents.

LE CHOIX D'UN CHAT DE RACE A DES AVANTAGES CERTAINS

EUROPÉEN À POILS COURTS

(Ici, un chat tigré noir sur fond argent.) L'Européen à poils courts est pondéré, gracieux et intelligent.

RAGDOLL

Cette race charmante est connue pour être extrêmement sociable et conciliante. Le Ragdoll est patient, fidèle et très joueur.

Les chats de race présentent des caractéristiques particulières, leurs parents sont connus et certains de leurs ancêtres vivaient sans doute déjà exclusivement en lieux clos.

SIAMOIS

Il passe pour être un «moulin à paroles». Les chats siamois sont joueurs et particulièrement fidèles. Si on ne s'occupe pas assez de lui, le Siamois se fait entendre pour susciter l'attention.

Un beau logement

L'Homme et le chat sont des êtres très différents. Peuvent-ils être tous les deux heureux en partageant le même espace vital ? Rien de plus facile. Alors que les humains sont parfaitement heureux les pieds sur terre, les chats adorent, quant à eux, être perchés ! De quoi assurer une cohabitation optimale.

L'APPARTEMENT VU PAR LE CHAT

Quel serait le pire des cauchemars pour un chat et ses amis ? On l'imagine aisément : devoir vivre dans un luxueux appartement, parfaitement ordonné, avec beaucoup de place, mais peu de meubles. En effet, les chats aiment les niches et les endroits pour se retirer. Ils ne souhaitent pas rencontrer quelqu'un tout le temps et partout. Ils aiment bien gratter le canapé en cuir clair, mais pas dormir dessus, car ce revêtement n'est ni chaud, ni assez douillet pour eux. Ils aiment pouvoir jouir également d'une belle vue d'ensemble pour inspecter leur territoire. Une vitrine accrochée au mur est, certes, suffisamment haute, mais son toit est rond et un chat ne peut s'y tenir ni debout ni assis. Dans un lieu déprimant pour un chat, les murs sont ornés de nombreux tableaux, mais il n'y a pas d'étagères pour grimper dessus. La vue est bien sûr dégagée grâce aux immenses vitres de l'appartement, mais où est donc le rebord de fenêtre pour s'installer confortablement et observer ce qui se passe des heures durant ? Et puis, comble du désespoir : des portes fermées à clé, le chat n'étant autorisé à entrer que dans le salon, la cuisine et la salle de bains ! Autant de situations qui seraient un véritable cauchemar pour n'importe quel chat d'appartement.

L'appartement de rêve pour les chats

Pour le chat qui ne sort pas, l'appartement doit en quelque sorte remplacer la nature. Ce n'est certes pas facile, mais sans aucun doute possible : il suffit que vous teniez compte des besoins de ces petits chasseurs *(voir p. 9 et suivantes)*, et que vous élaboriez un programme de divertissement *(voir p. 34)*. Voilà ce dont le chat a besoin.

ENSEMBLE DES PIÈCES ACCESSIBLES. Les portes sont toujours ouvertes, et le chat peut passer d'une pièce à l'autre pour inspecter son territoire.

De là-haut, ce petit chasseur voit tout et se sent en sécurité. Personne ne peut l'approcher sans être vu.

De l'arbre à chat à la fenêtre via une planche, les chats adorent !

PARCOURS LE LONG DU MUR. Le chat doit pouvoir sillonner son territoire, non seulement au sol, mais également dans les airs, par exemple en suivant un chemin aménagé le long du mur *(voir illustration ci-contre)*.

POINTS DE VUE. Les places en hauteur permettent de jouir d'une bonne vue d'ensemble. De plus, les chats s'y sentent en sécurité. Le rebord de la fenêtre ou le balcon offrent également des panoramas très agréables *(voir p. 28 et 38)*.

ENDROITS POUR SE REPOSER. Ils sont essentiels, car les chats ont besoin d'avoir un lieu spécifique ou plusieurs endroits accessibles pour s'y reposer, rêvasser et dormir, sans être dérangés *(voir p. 29)*.

CACHETTES. Les chats adorent échapper à la surveillance de leur maître ou surprendre leur partenaire de jeu *(voir p. 29)*.

ARBRE À CHAT. N'oubliez pas une installation stable, où le chat pourra aiguiser ses griffes, admirer le paysage, grimper, se défouler *(voir p. 31)*.

COIN REPAS. Les principaux repas seront naturellement servis à un endroit fixe dans l'appartement. Pour apaiser sa soif, le chat doit disposer de plusieurs points d'eau *(voir p. 33 et 36)*.

« UN PETIT COIN TRANQUILLE ». Une ou deux litières par chat sont nécessaires *(voir p. 37)*.

Parcours aériens

Vos petits tigres apprécieront de parcourir leur territoire sur des sentiers différents. L'espace limité dont ils disposent en appartement leur semblera ainsi plus grand, et tous les habitants de la maison pourront mener leur propre vie...

En route pour l'aventure. Il est possible de réaliser quelques parcours ludiques, synonymes d'exploration et d'aventure. On peut, par exemple, aménager des chemins sillonnant la pièce à environ 50 cm du plafond, réalisés avec des planches naturelles, pourvues d'une rampe basse en bois sur les côtés et soutenues par des poutres en bois faisant office de piliers. Entre-deux, on ajoute des poutres en bois carrées ou hexagonales entourées de sisal, à escalader et gratter. Vous pouvez aussi prévoir un escalier spécial pour votre chat, ou une planche pas trop raide fixée au sol. À mi-hauteur, aménagez, par exemple, un coin câlin douillet pour que votre petit chéri puisse se reposer, et ajoutez une large plate-forme qui assurera sa sécurité lorsqu'il profitera de la vue d'ensemble *(voir photo du haut, page de gauche)*. L'arbre à chat est facile à atteindre depuis les planches et, de là, on accède directement au rebord de la fenêtre. Une option possible : une passerelle, également faite de planches, peut traverser un étroit et long couloir, au-dessous du plafond. Des plates-formes en bois, recouvertes de moquette et fixées au mur avec des équerres, permettent au chat de monter et descendre le long du mur. Vous pouvez aussi fixer, entre deux armoires, des planches d'environ 20 cm de large et de 2 à 3 cm d'épaisseur. Une épaisse corde [bien fixée aux planches] peut permettre au chat de s'accrocher et de se balancer. Autre élément à réaliser : un petit tunnel carré d'environ 50 cm de long [réalisé en bois ou en carton] est un parcours, ou une cachette, très apprécié. Seul mot d'ordre : laissez libre cours à votre fantaisie pour réaliser un parcours attractif et varié pour votre animal. Vous trouverez tout le matériel nécessaire dans les magasins de bricolage. Certains éléments sont disponibles dans les animaleries ; vous pouvez aussi les faire faire sur mesure par un artisan.

RÈGLES DE BASE. Lorsque vous réalisez votre installation, pensez à ce dont les chats disposent à

Cet escalier fait maison a été recouvert d'une peinture non toxique et permet ici d'accéder au point de vue sur le rebord de la fenêtre.

Un arbre à chat entouré de sisal que l'on trouve dans les magasins spécialisés. Attention ! Il doit absolument être résistant et stable.

l'extérieur. Préférez les parcours en boucle et évitez les sentiers qui finissent dans une impasse, comme un mur. Prévoyez des aires de repos, des « coins câlins » et des plates-formes d'observation. Cachez, par exemple, à différents endroits des petits morceaux d'aliments secs que les chats devront chasser.

Une place de choix

Les chats d'appartement adorent les rebords de fenêtres car, de là, ils peuvent profiter d'événements variés qui agrémentent leur quotidien : observer les oiseaux, les papillons, examiner le chien du voisin en toute sécurité ou tout simplement regarder les feuilles tomber.

AMÉNAGEMENT. Le rebord de la fenêtre doit être suffisamment large pour que le chat puisse s'y allonger. Pour son confort, vous pouvez installer un coussin douillet en laine d'agneau ou une petite couverture lavable. Pour les rebords de fenêtre étroits, il existe dans les animaleries des tapis confortables à fixer dessus. Si cette dernière n'a pas de rebord, vous pouvez, par exemple, permettre à votre chat de regarder dehors grâce à un arbre à chat placé au bon endroit *(voir p. 27)*. Autre idée ingénieuse : installer un panier à linge en osier devant la fenêtre, point de vue idéal pour le chat. Assurez la stabilité du panier avec des pierres lourdes posées à l'intérieur, afin d'éviter qu'il ne bascule lorsque le chat saute dessus. Pour que votre animal soit confortablement installé, fixez un coussin lavable avec des élastiques sur le couvercle du panier.

Ce dernier peut aussi servir à abriter les jouets de votre félin – à renouveler régulièrement pour son plus grand plaisir.

SÉCURITÉ. L'air frais est important pour les tigres d'appartement. Il apporte aussi avec lui de nouvelles odeurs alléchantes dans l'appartement. Les fenêtres ouvertes doivent toutefois être sécurisées. D'une part, pour que votre animal à quatre pattes ne s'échappe pas, d'autre part, pour lui éviter de tomber. Les chutes depuis des étages élevés peuvent provoquer des fractures chez le chat, voire le tuer. Pour parer les chutes, vous pouvez fabriquer vous-même une protection faite d'un cadre en bois de la taille de la fenêtre sur lequel vous fixerez du grillage de fils métalliques que vous attacherez au châssis de la fenêtre avec des crochets. Une variante plus élégante consiste en un cadre en aluminium muni de grillage que vous ferez fabriquer dans un magasin spécialisé. Les chats peuvent facilement ronger une moustiquaire ou un filet fin. Sécurisez également les fenêtres basculantes *(voir p. 30)*.

Il adore la chaleur – cette couverture accrochée à un radiateur est sans doute le deuxième endroit favori, après votre lit, de votre petit animal pour dormir.

Dormir sans être dérangé

L'appartement devrait comporter plusieurs endroits calmes pour se reposer – même si certains chats se sentent en sécurité dans leur environnement et se reposent « n'importe quand et n'importe où ».

DES OASIS DE REPOS APPRÉCIÉES. Les chats d'appartement se reposent mieux lorsque leur couchette se trouve en hauteur plutôt que par terre. Ils apprécient également les matières chaudes et douillettes, qui leur permettent de dormir au calme et à l'abri des regards curieux ; mais où le chat se trouve-t-il le mieux ? Dans le lit de son maître, bien sûr ! Si vous n'appréciez pas cette habitude, vous pouvez tenter de dissuader votre chat de préférer vos oreillers à son coussin en fermant la porte de votre chambre ou en recouvrant votre lit d'un matériau qu'il n'apprécie pas (bâche plastique, par exemple). Dans l'intérêt de votre relation, mieux vaut toutefois éviter ce type de mesures et créer, pour votre animal, un petit abri bien à lui dans lequel il aura plaisir à aller se réfugier. Vous pouvez acheter un panier dans le commerce ou le réaliser vous-même à partir d'un carton de taille moyenne. Comble du bonheur pour votre chat, recouvrez-en la base avec l'un de vos pulls ou tee-shirts récemment portés. Dans tous les cas, sachez que seules deux choses comptent pour les chats : la sécurité et le confort. Ils adorent également les lits suspendus, par exemple fixés à un radiateur *(voir photo ci-dessus, à gauche)*, les hamacs, ou encore les grands tiroirs ouverts confortablement aménagés.

Où suis-je ?

Observer sans être vu et attaquer par surprise est une condition essentielle pour réussir à attraper des proies dans la nature. Les chats d'appartement n'ont pas abandonné leurs prédispositions naturelles. Ils ne se cachent pas pour se jeter sur des souris et autres animaux, mais pour surprendre leur maître ou leur partenaire de jeu.

Ce tunnel lavable est idéal pour les chats « spéléologues » qui adorent y jouer. Il constitue aussi une cachette parfaite.

LES DANGERS DANS L'APPARTEMENT

BAIGNOIRE ☑	Un chat peut se noyer dans une baignoire pleine.
CÂBLES ÉLECTRIQUES ☑	Recouvrez les câbles conducteurs. Les chatons adorent tout mordiller (choc électrique mortel).
FENÊTRES BASCULANTES ☑	Sécurisez les fenêtres basculantes avec un grillage de protection (animalerie) : le chat pourrait se coincer.
MÉDICAMENTS ☑	Gardez-les toujours sous clé (risque d'empoisonnement). L'aspirine est, par exemple, mortelle pour les chats.
PETITS MORCEAUX ☑	Éloignez les agrafes, boutons, élastiques, aiguilles (le chat pourrait s'étrangler).
PLANTES ☑	Éliminez les plantes toxiques et les cactus (risque d'empoisonnement et de blessure).
PRODUITS ☑	Cachez les détergents, solvants, peintures, vernis et diluants (risque d'intoxication).
PLAQUES DE CUISSONS ☑	Ne laissez jamais un chat sans surveillance dans la cuisine pendant que vous faites cuire quelque chose (brûlures).
SACS EN PLASTIQUE ☑	Ne les laissez pas traîner (risque d'étouffement).

ATTAQUE PAR EMBUSCADE. Un appartement idéal comprend d'innombrables possibilités de cachettes permettant des attaques « par surprise ». Il peut s'agir d'un long rideau derrière lequel personne ne devinerait un chat, ou des niches dans lesquelles le chat peut se cacher
et en surgir tout à coup. Il ne faut pas négliger non plus le grand cache-pot décoratif qui offre aux chats une cachette idéale.

JUNGLE POUR CHAT. De nombreuses plantes d'intérieur sont toxiques pour les chats. Il existe toutefois des plantes adaptées qui se plaisent beaucoup en pots, comme les herbes décoratives, telles que la fétuque bleue, le roseau des sables, la laîche ou le millet doré, le bambou et le souchet. Une telle petite jungle est parfaite pour se cacher, elle permet au chat de grignoter sans danger et offre même un petit coin bien tranquille pour se reposer.

Gratter à tout prix !

Les chats ne grattent pas seulement pour exercer leurs griffes, mais aussi pour transmettre des messages odorants. En effet, entre les coussinets palmaires, se trouvent des glandes odorantes qui, lorsque le chat gratte certains endroits, laissent des messages pour les congénères, tels que : « Je suis passé par ici. Si tu ne veux pas avoir d'ennuis, sauve-toi ! » Le territoire de l'appartement est aussi marqué à certains endroits comme une propriété personnelle. Cette odeur individuelle procure à l'animal un sentiment de sécurité et d'apaisement. Si vous n'offrez pas de griffoir adapté à vos petits tigres, ils s'en prendront à vos meubles, tapis, chambranles et autres rebords de fenêtres. On ne peut pas empêcher un chat de gratter !

UN ARBRE À CHAT IDÉAL. Caractéristiques :

› Le chat peut, non seulement, le gratter, mais aussi s'y reposer, observer et, si l'envie lui en prend, faire de l'exercice. Pour cela, l'arbre à chat doit être stable et, si possible, très ramifié.

› La partie inférieure de l'arbre se compose de piliers entourés de sisal ou d'écorce (le sisal et les autres revêtements peuvent se remplacer).

› Des creux et des planches occupent surtout la partie supérieure, car les chats préfèrent se reposer en hauteur.

› Les petits tigres adorent s'amuser avec un jouet attaché à l'arbre.

EMPLACEMENT. Dans l'idéal, l'arbre à chat doit être placé à un endroit permettant à l'animal d'avoir une vue d'ensemble, sans être trop isolé. Par exemple, le chat adore pouvoir regarder par la fenêtre et venir, d'un bond, chercher quelques caresses sur le canapé. C'est encore mieux si la porte ouverte de la pièce se trouve dans son champ de vision pour qu'il puisse également observer ce qui se passe à côté.

AUTRES POSSIBILITÉS POUR GRATTER. Outre l'arbre à chat – et selon la taille de votre appartement – vous pouvez prévoir un ou plusieurs endroits où le chat pourra faire ses griffes.
Dans les animaleries, vous trouverez, par exemple, des planches d'angle à gratter recouvertes de sisal, ou de simples tapis-brosses en

Un parcours pour chat fait maison. Si les murs sont accessibles à vos compagnons à pattes de velours, vous agrandissez considérablement leur espace vital et rendez leur territoire bien plus intéressant encore.

fibres de coco, paille de maïs ou sisal le tout à fixer au mur ou sur le côté d'une armoire. Votre animal apprécie également les bois tendres naturels, comme le pin, ou une plaque en bois recouverte de chutes de moquette ou de grosse toile (jute). Plus le matériau s'effiloche, plus votre petit tigre aimera le gratter. Pour l'installation, tenez compte de deux éléments. L'endroit à gratter doit tout d'abord être placé assez haut pour que le chat puisse s'étirer de tout son long ; ainsi, non seulement il se fera les griffes et marquera son territoire, mais il pourra également faire de la gymnastique avec ses pattes. Sachez aussi que les chats grattent toujours aux mêmes endroits. Un point particulièrement important pour repérer tout de suite le chemin emprunté par votre chat pour aller de sa couchette à sa mangeoire.

DEUX CONSEILS SUPPLÉMENTAIRES. Le griffoir ne doit pas être composé d'un matériau similaire à celui d'un meuble ou d'un tapis que vous appréciez, car une fois un matériau repéré, le chat a du mal à distinguer s'il se trouve à un endroit qu'il est autorisé à gratter ou non. Pour éloigner le chat de certains lieux interdits, employez un spray aux phéromones (que vous vous procurerez auprès d'un vétérinaire). Ces substances odorantes, fabriquées synthétiquement, imitent, par exemple, l'odeur que le chat laisse derrière lui lorsqu'il frotte sa petite tête contre quelque chose. Ainsi, à l'avenir, il ne grattera plus l'endroit en question, mais se contentera tout au plus d'y frotter son crâne. Cela devrait sans doute protéger vos meubles anciens ou votre canapé de ses coups de griffes.

Le coin repas

Chasser est une tâche difficile pour le chat, car évidemment dans la nature, les souris n'attendent pas sagement de lui servir de quatre-heures. Il apprécie donc particulièrement de disposer dans votre appartement d'un endroit fixe pour manger. Et il s'en souvient au quotidien : à peine aurez-vous soulevé le couvercle de la boîte de nourriture ou secoué le paquet de croquettes que le petit gourmet s'approchera l'air réjoui, comme s'il était presque mort de faim.

UNE GAMELLE ADAPTÉE. Les gamelles doivent être stables et faciles à nettoyer, mais attention, les chats n'apprécient pas l'odeur du plastique. Si plusieurs chats partagent votre appartement, chacun d'entre eux doit posséder sa propre gamelle, même si des chats amis apprécient de manger dans la même.

La télévision « par la fenêtre » est, certes, souvent passionnante, mais pas toujours !

UNE PLACE BIEN DÉTERMINÉE. Nos petits tigres aiment pouvoir communiquer avec nous en nous regardant droit dans les yeux. Sa gamelle ne doit néanmoins pas se trouver au même niveau que notre assiette, comme on le lit de temps en temps. Car cela ne correspond pas du tout au comportement du chat dans la nature. Avez-vous déjà vu un chat « hisser » une souris sur le mur du jardin avant de la dévorer ? Ces petits chasseurs aiment, certes, manger sans être dérangés, mais ils se sentent généralement plus en sécurité par terre. Choisissez donc un endroit calme et à l'abri des regards pour y placer la gamelle de votre chat. Dans la plupart des appartements où vit un chat, la mangeoire se trouve dans la cuisine. C'est le lieu idéal, car les chats mangent assez salement (beaucoup secouent d'abord leurs petits morceaux de nourriture pour les nettoyer, tout comme un chat sauvage nettoie sa proie dans la nature) et le revêtement du sol est facile à entretenir à cet endroit. Un tapis en caoutchouc ou antidérapant empêche que la mangeoire ne se promène dans la cuisine pendant que le chat mange.

L'HABITUER À L'ARBRE À CHAT

Séduction

Agitez une friandise placée dans votre main en la dirigeant vers l'arbre à chat et en invitant votre animal à grimper dessus.

Message odorant

Laissez votre odeur sur la surface à griffer en y frottant vos mains. Votre chat y ajoutera la sienne et s'appropriera ainsi l'arbre.

LES AVENTURIERS

PARADIS DE L'ESCALADE

Un arbre à grimper et un cageot de fruits qui fait office de cabane offrent un environnement naturel à l'intérieur de l'appartement. Même si ce n'est pas du goût de tout le monde, les chats apprécieront sans aucun doute. Vous pouvez aussi aménager ce petit paradis sur un balcon sécurisé et à l'abri des intempéries. Inutile d'investir dans de coûteux meubles pour chat, l'animal se contentera d'escalader et profitera de la vue d'ensemble.

TUNNEL AU PLAFOND

Dehors, le chat court sur du bois, des pierres, du sable, de la terre ou des graviers. Un tunnel suspendu au plafond lui permet de faire une pause. Il fait doux et chaud à l'intérieur et il se balance lorsque le chat le traverse, ce qui lui rappelle une clôture de jardin vacillante. Un bon exercice d'équilibre.

CENTRE DE REMISE EN FORME

L'appartement est sillonné de sentiers. Si cela vous semble trop ambitieux à réaliser, vous pouvez vous procurer des éléments prévus à cet effet dans les animaleries.

Plusieurs points d'eau

Le chat doit toujours pouvoir disposer d'un récipient d'eau claire auquel il peut s'abreuver.

ABREUVOIRS. Prévoyez plusieurs points d'eau dans votre appartement. La plupart des chats ne prêtent pas attention à l'abreuvoir lorsqu'il se trouve juste à côté de son écuelle. Ils préfèrent, en effet, apaiser leur soif lors de leurs pérégrinations. Prévoyez au moins deux abreuvoirs stables dans l'appartement – un sur le sentier de promenade favori du chat, l'autre, par exemple, sur le rebord de la fenêtre. Une fontaine d'intérieur pour boire, jouer et observer est un must pour de nombreux chats. Les modèles avec des boules qui tournent ou avec l'eau qui s'écoule en petites cascades sont les plus appréciés. Si votre eau du robinet est très dure, employez un filtre à charbon, afin que la pompe à eau de la fontaine ne s'entartre pas trop vite. Une fontaine d'intérieur améliore, par ailleurs, le climat de la pièce et permet aux chats de garder un poil plaqué et souple malgré l'air asséché par le chauffage. Un mini-étang représente également un endroit magique pour les chats : un joli cache-pot en terre cuite, placé à une hauteur telle que le chat puisse s'appuyer confortablement sur le bord, un ou deux nénuphars en plastique, et voilà un « étang » facile à entretenir. Il vous suffit d'ajouter de l'eau et de procéder à un nettoyage général à l'eau chaude (sans détergent) de temps en temps.

L'air frais est important pour les hommes et les chats. Pour que la fenêtre puisse rester ouverte, sécurisez-la. Le chat aime s'installer sur une peau d'agneau, douce et chaude.

Un petit coin tranquille

Lorsqu'ils font leurs besoins, les chats n'aiment pas être observés, ni entendre des bruits inquiétants ; ils apprécient en outre une litière propre, souvent renouvelée. Dans l'idéal, deux bacs à litière valent mieux qu'un. Si vous avez plusieurs chats, prévoyez toujours un coin toilettes de plus que le nombre de chats vivant dans l'appartement.

UNE BONNE PLACE. Les litières doivent être accessibles à tout moment. Placez, par exemple, une litière dans la salle de bains, la deuxième dans un coin calme du couloir. Si votre appartement est aménagé sur plusieurs étages, prévoyez une litière par étage.

QUELLE FORME ? Les chats tendent à préférer les modèles ouverts. De là, l'animal contrôle tout, même lorsqu'il fait ses besoins. Les bacs doivent être suffisamment grands pour que le chat puisse aisément y creuser, et être pourvus d'un bord d'au moins 20 cm de haut. Les jeunes chatons et leurs aînés ont besoin d'un bac avec une entrée basse. Beaucoup de chats n'apprécient guère les litières fermées d'un couvercle, dans lesquelles les odeurs se concentrent. Le filtre incorporé qu'elles contiennent ne suffit malheureusement pas toujours à remédier au problème.

LITIÈRE POUR CHATS. Elle doit être sans odeur, légère et ne pas faire de poussière. Peu importe qu'elle soit agglomérante ou absorbante. Votre chat aura peut-être une préférence. Faites quelques tests avant d'opter pour une marque.

DANS UN APPARTEMENT EN LOCATION

Autorisation

En France, depuis 1970 et la loi Thome-Patenôtre, les propriétaires ne peuvent interdire à leur locataire d'avoir un animal, quelles que soient les dispositions du bail.

Voisins

Les autres habitants de l'immeuble ne doivent pas se sentir dérangés, par exemple par des odeurs trop fortes ou des poubelles communes toujours remplies par la litière usagée de vos chats.

Sécurisation du balcon

Pour sécuriser un balcon avec un filet à chats, vous avez besoin de l'accord du propriétaire. Les modifications de façades sont, en effet, soumises à une autorisation préalable.

LES JOIES DU BALCON

Partagez votre balcon avec vos chats, ils adorent y prendre l'air et admirer le paysage. Veillez néanmoins à respecter certaines règles.

La sécurité avant tout

Les balcons doivent être sécurisés. D'une part pour prévenir une chute, d'autre part pour empêcher que vos adorables chatons tentent une incursion chez le voisin. Les animaleries proposent à cet effet des filets spéciaux. Veillez à bien vérifier leur résistance. À noter : l'installation d'un filet pour chats sur le balcon d'un appartement en location nécessite une autorisation *(voir p. 36)*.

Idées d'aménagement

Aménagez votre balcon en fonction des besoins de vos félins.

BALUSTRADE DU BALCON. Laissez vos chats se promener le long de la balustrade du balcon

Josy adore son coin de paradis. Confortablement installée, elle profite d'une belle vue, apprécie l'odeur des herbes parfumées, son jeu d'eau et sa souris en sisal.

d'où ils jouissent d'une bonne vue d'ensemble. Quelques planches en bois blanc suffisent pour fabriquer rapidement une passerelle et sécuriser ainsi votre balcon. Des troncs d'arbre fixés horizontalement sur la balustrade donneront à vos mini-tigres l'impression qu'ils se trouvent en pleine nature. Entourez, par exemple, des parties du tronc avec de la grosse toile ou un tapis en coton et une corde épaisse. Vos chats pourront alors y faire leurs griffes en toute quiétude.

ARBRE À GRIMPER ET MAISON DANS UN ARBRE. Dans un coin du balcon, fixez verticalement un tronc d'arbre avec quelques ramifications, par exemple avec des colliers de serrage ou des cordes épaisses. Supprimez les branches qui dépassent vers l'extérieur. Si l'arbre se trouve près d'un mur, vous pouvez installer une cabane réalisée avec un cageot de fruits près de la cime de l'arbre, et la fixer au mur *(voir illustration p. 34, 35)*. Vous trouverez également de beaux arbres à grimper et à gratter en bois naturel, très stables, dans les magasins spécialisés.

POUR SE DÉTENDRE. L'essentiel est de disposer d'un endroit abrité et chaud. Les matières naturelles emmagasinent bien la chaleur. Un vieux fauteuil en osier est ainsi idéal pour le chat, tout comme des planches fixées sur le mur extérieur avec des équerres, ou pourquoi pas une grotte à l'abri des intempéries, réalisée en briques et surmontée d'une lourde planche en guise de toit (qui ne doit pas basculer !)... Autant d'éléments qui invitent les chats à se détendre et à rêver.

UN JARDIN AQUATIQUE. Aménagez un mini-étang sur votre balcon, par exemple dans un bac en zinc ou un récipient en céramique vernissée. Recouvrez le fond de graviers lavés. Les plantes occuperont une corbeille spéciale. Dans un récipient de 40 cm de haut et 60 cm de diamètre, vous pouvez, par exemple, placer une pontédérie *(Pontederia cordata)*, un typha *(Typha angustifolia)* et des lentilles d'eau *(Lemna minor)*. Les chats apprécient aussi les petites fontaines.

UN BALCON AVEC DES PLANTES. Certaines plantes ont des effets très intéressants sur les chats ; par exemple, la menthe des chats ou la valériane déclenchent des sentiments de bonheur, l'herbe à chat facilite la digestion, et les broussailles constituent une cachette idéale. Les plantes citées page 31 peuvent se cultiver en pots, sur un balcon. Les chats aiment aussi la valériane grecque *(Polemonium reptans)* et le thym de chat *(Teucrium marum)* ; la lavande, le thym et la mélisse citronnelle seront parfaits pour le balcon. Les plantes grimpantes, telles que la capucine, le liseron des haies ou la vigne sauvage sont également sans risque pour le chat.

CONSEILS D'EXPERT

Pour encore plus de plaisir

Escalier
Vous pouvez fabriquer de superbes « escaliers » avec des rondins de bois de différentes hauteurs pour longer le mur extérieur ou la balustrade du balcon.

Colliers de bouchons
Enfilez des bouchons de vin et de champagne sur une ficelle d'emballage. Décorez l'arbre à grimper avec.

Tresses
Faites de grosses tresses avec vos anciens tee-shirts non lavés. Il suffit de les couper en bandes et de les entrelacer.

Pour grimper
De gros câbles disposés horizontalement invitent les chats à se balancer ; fixés verticalement, ils leur permettent de grimper. Les échelles de cordes (magasins d'accessoires pour voiliers) sont synonymes de palpitantes sessions d'escalade.

Trop chaud
Lorsqu'il fait très chaud, veillez à ombrager les endroits fréquentés par votre chat, par exemple avec un morceau de toile à voile accroché au filet à l'aide de mousquetons.

Chatière
Elle permet au chat de choisir à tout moment l'endroit où il a envie d'aller.

Vivre en harmonie

Le fait de vivre en harmonie avec son animal est primordial. Vous avez déjà édifié les bases d'une cohabitation sereine en aménageant votre appartement de telle sorte qu'il convienne à votre animal. Il s'agit maintenant de faire attention l'un à l'autre et de savourer pleinement votre vie ensemble.

LE RESPECT MUTUEL

Nous admirons son caractère indépendant et volontaire, son insouciance ; son élégance nous impressionne et nous aimons qu'il recherche de lui-même notre compagnie ; pourtant, nous souhaiterions souvent éduquer le chat conformément à nos propres idées. Il ne doit pas gratter les meubles, dormir dans un lit, courir sur la table. Il doit toujours être d'humeur à jouer ou à faire des câlins lorsque nous en avons envie... Une relation harmonieuse homme-chat ne fonctionne cependant pas ainsi.

UN CHAT ET UN HOMME HEUREUX. Vos petits tigres ont leurs propres caractère et tempérament, et aiment profiter de la vie. C'est pourquoi il convient d'établir certaines règles. L'arbre à chat leur est réservé ; les meubles, en revanche, ne sont pas faits pour aiguiser les griffes. Vous n'aimez pas que votre chat fasse le tour de la table et renifle votre sandwich ? Alors, nourrissez-le en même temps que vous. Versez sa nourriture dans sa mangeoire par terre et installez-vous tranquillement à table pendant qu'il grignote de son côté. Votre chat ne doit pas grimper sur l'étagère qui accueille de précieux bibelots en porcelaine ? Rangez-les et laissez, donc, votre chat faire un peu d'escalade. Déterminez des périodes de jeux et de câlins, que vous vous efforcerez de respecter, sous peine de mettre à rude épreuve votre amitié avec vos animaux.

Donner et recevoir, tolérance et respect mutuel, constituent les bases d'une relation harmonieuse entre les hommes et les chats. Vos petits tigres sont parfaitement capables de s'adapter et d'apprendre. Et si nous faisons ce qu'il faut pour eux, ils s'efforceront aussi de nous faire plaisir à leur tour.

Minou fait ses griffes sur le canapé ? Prévoyez une planche à gratter ou un arbre à chat pour qu'il puisse griffer à des endroits autorisés.

Les règles d'éducation

Nos chats sont intelligents et apprennent surtout à travers leurs expériences. Ils répéteront volontiers ce qui est autorisé et éviteront, si possible, ce qui est interdit. Sachez rester ferme avec votre compagnon.

MOTIVER L'ANIMAL. La plupart des chats seraient (presque) prêts à tout pour une délicieuse friandise, comme un petit morceau de blanc de dinde cuit, une petite cuillerée de thon, de la viande séchée, des crevettes lyophilisées, un peu de fromage blanc à la crème, du fromage ou du jambon cuit. Une séance de jeu supplémentaire, la voix rassurante de leur maître ou simplement un peu d'attention, incitent souvent le chat à satisfaire vos désirs. Voici la première règle fonda-

Des règles du jeu dès le début

Pour cohabiter sereinement avec nous dans un appartement, les chats doivent acquérir quelques bonnes manières.

› Répondre à l'appel de leur nom.

› Utiliser uniquement la litière pour satisfaire leurs besoins *(voir p. 37)*.

› Éviter les plaques de cuisson, la table de salle à manger et les rideaux.

› Respecter votre sommeil,
ne pas vous déranger.

› Le « grattage » n'est autorisé que sur l'arbre à chat, les planches à gratter ou les tours à griffer, mais pas sur les meubles, le tapis ou les tapisseries *(voir p. 31)*.

› Ne pas prendre vos mains et vos pieds pour des proies et ne pas les attaquer *(voir p. 61)*.

Grignoter des bonnes choses, aucun chat ne peut résister à cette tentation. Si vous n'autorisez pas ces débordements, enfermez-le dans une autre pièce.

mentale en matière d'éducation du chat : toujours récompenser un bon comportement.

NE FAIRE AUCUNE EXCEPTION. Hier votre chaton avait le droit de courir sur la table, aujourd'hui il doit rester par terre. La porte de la chambre est parfois ouverte, parfois fermée. Lorsqu'il était petit, votre chat pouvait enfoncer ses dents dans votre main ; aujourd'hui il pèse 10 kg et vous le grondez lorsqu'il mord... Deuxième règle essentielle en matière d'éducation : toujours être logique.

CHOISIR SES MOTS. Lorsque vous criez sur votre animal, employez toujours le ou les mêmes mots et la même intonation. Vous pouvez, par exemple, lui dire : « Laisse ça! », « Non » ou « Arrête! ». Les chats s'y perdent si vous changez de mots à chaque fois. Troisième règle importante : utiliser toujours les mêmes mots pour réprimander.

EFFRAYER PLUTÔT QUE FRAPPER. Il va de soi que l'on ne bat pas son chat et que l'on évite également les petites tapes avec un journal ou autre objet similaire. Cela rend l'animal timide et craintif, voire agressif. Mieux vaut faire peur à votre chat lorsque vous le prenez en flagrant délit. Pour cela, utilisez, par exemple, un jet de pistolet à eau ou faites tomber vos clés près de lui. Votre chat ne voit alors pas que vous êtes responsable de sa peur et n'associe pas la « punition » avec votre personne. D'où le quatrième principe d'éducation : surtout pas de coups !

AUTRES SANCTIONS. Un sifflement semblable au feulement d'un chat et un index dressé, assimilé à la patte menaçante d'un congénère, ont également un effet éducatif. Tout comme souffler dans le visage du chat et arrêter tout de suite le jeu lorsque votre animal devient trop sauvage et brutal *(voir « Incidents », p. 60)*.

LE BON MOMENT. Punir un chat pour ses méfaits après coup est sans effet. Vous n'obtiendrez des résultats que si vous sanctionnez le coquin alors qu'il vient, par exemple, tout juste de voler la tranche de jambon. S'il est allongé sur le canapé depuis un moment déjà et que vous le réprimandez pour ce qu'il a fait auparavant, il ne fera qu'en déduire qu'il ne doit pas s'allonger sur le canapé.

RÉPONDRE À L'APPEL DE SON NOM

Donner un nom

Adressez-vous le plus souvent possible à votre chat en employant son nom.

Rendre l'exercice agréable

Votre petit chéri doit associer quelque chose de positif à l'appel de son nom. Proposez-lui, par exemple, une friandise lorsqu'il approche.

Intonation

Adoptez un ton tendre et rassurant.

UN LANGAGE ÉVOLUÉ

Le chat et l'homme : deux êtres fondamentalement différents, qui sont toutefois capables de communiquer parfaitement. Le chat utilise pour cela son exceptionnel don d'observation, ses mimiques explicites, le langage corporel et oral. À nous d'apprendre les bases du langage des chats.

Le « vocabulaire » des chats

MIAULER. Le vocabulaire du chat ne semble pas si étendu que cela au premier abord. Pourtant, le « miaou » peut avoir plus de 16 significations différentes. Vous le remarquerez sans doute rapidement par vous-même.

RONRONNER. Lorsque le chat gronde comme un petit moteur lorsqu'on le caresse, nous sommes heureux. Ce bruit rassure énormément et nous savons que notre petit tigre va bien. Pourtant, des chats qui souffrent ou qui sont sur le point de mourir ronronnent également. On suppose que ce mode d'expression est aussi pour les chats une manière de se calmer.

ROUCOULER. Les chats saluent les hommes et les congénères qu'ils apprécient en roucoulant. Le roucoulement est aussi utilisé pour se « parler » à voix basse, les sons étant modulés différemment.

FEULER. Ce son d'avertissement et de menace sert à effrayer les agresseurs.

GROGNER. Il s'agit d'un son menaçant et fort qui doit avertir l'adversaire. On l'entend souvent lorsque des chats se disputent de la nourriture.

1 CARESSES. Avec sa démarche raide, ses flancs qu'il frotte contre les jambes de son maître et la position de sa queue, ce chat réclame de la nourriture. Arrive-t-il à se faire comprendre ?

2 FROTTEMENT DE TÊTE. L'animal a très faim et intensifie ses efforts pour se faire comprendre. Il vient frotter sa petite tête contre la jambe de son maître. Cela marche dans la plupart des cas.

3 DEMANDE INSISTANTE. Comme ne pas comprendre ? Seule la méthode du « coup de marteau peut alors s'avérer concluante chat se sert de sa patte pour at l'attention.

CRACHER. Ce son dissuasif lié à un rejet très rapide d'air ressemble à une détonation.

RÂLER, JACASSER, CAQUETER. Des sons à mi-voix se succèdent rapidement. Leur signification est inexpliquée. On entend, par exemple, ce type de sons lorsque le chat aperçoit une proie qu'il ne peut pas attraper, comme un oiseau devant la fenêtre.

PIAILLER. Ce son clair et haut s'entend lorsque le chat est paniqué.

Ce que trahit le langage du corps

Les odeurs jouent un rôle primordial dans la communication des chats entre eux, mais cela n'est pas à notre portée. Avec un peu de pratique, nous pouvons, en revanche, réussir à comprendre le langage corporel de nos petits tigres.

« JE SUIS HEUREUX QUE TU SOIS LÀ ! » Votre petit tigre galope vers vous. Son corps est tendu, sa tête haute, sa queue dressée, l'extrémité légèrement pliée. Il vous regarde, les moustaches dirigées vers l'avant. Il vous salue avec un miaulement amical

« JE T'AIME BIEN » Le chat frotte ses joues, sa nuque ou ses flancs contre vous. Il vous transmet ainsi son odeur afin de renforcer le sentiment d'union. Pour vous témoigner son affection, il peut vous lécher le visage et les mains, lever sa patte, ou encore frotter sa petite tête contre vous, tout cela en miaulant.

« ATTRAPE-MOI SI TU PEUX ! » Le chat galope devant vous sur ses pattes raides, la queue dressée. Il aimerait que vous le pourchassiez.

« TU ES INJUSTE ! » Un chat « offensé » fait grise mine. Il reste assis sans bouger, dos à son maître. Souvent il disparaît pour le reste de la journée.

« PRENDS GARDE À TOI ! » Les chats savent comment nous impressionner. Les jeunes chatons maîtrisent déjà le célèbre « dos rond » avec les poils du dos hérissés, la « queue en brosse » et les pattes tendues.

« ICI, IL SE PASSE QUELQUE CHOSE DE PASSIONNANT ! » Le corps tendu, la queue frétillante, les oreilles et les moustaches orientées vers l'avant, les pupilles dilatées : le chat est aux aguets.

« JE NE VAIS PAS BIEN ! » Le chat se blottit dans un coin ou se recroqueville. Ses pattes sont ramenées sous son corps, la queue collée à celui-ci. Les yeux sont souvent mi-clos et la troisième paupière (membrane nictitante) est visible.

Un regard plein d'espoir, la queue dressée et légèrement repliée au bout : quand ma gamelle va-t-elle être enfin remplie ?

LE PROGRAMME DE DIVERTISSEMENT DES CHATS

Les chats d'appartement ne peuvent pas exercer leur activité de chasseur, et beaucoup passent la journée seuls pendant que leur maître travaille à l'extérieur. Comment le chat peut-il donc occuper tout son temps libre et dépenser son énergie ? Nombreux sont les chats qui restent collés au canapé, grossissent et deviennent paresseux. D'autres se cherchent des occupations et mettent l'appartement sens dessus dessous. D'autres encore protestent contre leur vie ennuyeuse en devenant sales. Il faut donc trouver un moyen d'occuper leur oisiveté.

Jeux pour se distraire seul

Jouer avec son maître est, bien évidemment, ce que le chat préfère, mais ce n'est pourtant pas toujours possible. Il existe néanmoins d'autres moyens d'occuper son petit félin.

POUR LES CHASSEURS. Les chats aiment tout ce qu'ils peuvent pousser et qui est suffisamment léger pour qu'ils puissent l'envoyer en l'air d'un coup de patte. Il peut tout aussi bien s'agir d'une petite balle avec une clochette, d'une souris en peluche, de bouchons de vin ou de champagne, de pâtes crues, de noix avec leur coquille, de petites boîtes hermétiques (avec quelques grains de riz dedans) ou d'un petit sac en tissu cousu main, rempli de menthe des chats parfumée ou de bouts de tissu.

POUR LES SPÉLÉOLOGUES. Les magasins spécialisés proposent de très beaux tunnels de jeu lavables. Un long carton dans lequel vous découpez des trous de la taille du corps d'un chat et que vous remplissez à moitié de papier froissé invite aussi à la découverte. Cachez quelques friandises dans le tunnel ainsi réalisé et envoyez votre chat chercher le « trésor ».

POUR LES AVENTURIERS. Un carton, à moitié rempli de paille parfumée ou de feuilles sèches qui crissent, apporte de l'extérieur de nouvelles odeurs excitantes.

RÉPONDRE À L'APPEL DE SON NOM

Vision des couleurs

Les chats sont capables de distinguer les couleurs *(voir p. 13)*.

Le test

Le bleu semble être la couleur préférée des chats. L'université de Mayence a effectué quelque 2 000 tests qui offraient aux animaux le choix entre le jaune et le bleu pour rejoindre leur écuelle. 95 % des chats ont choisi le bleu.

POUR LES AMATEURS DE SERPENTINS. Les serpentins sont un jeu amusant et sans fin.

POUR TARZAN. Une corde fixée au plafond invite à se balancer, pour le plus grand plaisir des jeunes chats.

POUR LES PATIENTS. Des balles à trous (« snack balls »), remplies de friandises, sont proposées dans les magasins spécialisés. Le chat qui fait rouler la balle suffisamment longtemps remporte la récompense qui se trouve à l'intérieur. Vous pouvez bricoler vous-même une « snack ball » avec une balle de ping-pong en perçant un ou deux trous dedans à l'aide d'un cutter.

POUR LES « PETITS EINSTEIN ». Percez des trous de différentes tailles dans les grands côtés d'une boîte à chaussures. Placez une balle de ping-pong ou une boulette de papier et une friandise à l'intérieur de la boîte. Comment votre petit tigre s'en sort-il ? Essaie-t-il de soulever le couvercle ou préfère-t-il « pêcher » ? Dans un grand bassin plat rempli d'eau flottent deux à trois radeaux, chacun fabriqué avec deux bouchons en liège attachés ensemble. Une friandise se trouve sur l'un deux. Comment votre petit génie résout-il le problème ? Placez une délicieuse friandise à l'intérieur d'un rouleau de papier toilette vide. Bouchez les extrémités du rouleau avec du papier. Votre chat met-il beaucoup de temps pour croquer dans la friandise ? Vous pouvez aussi bricoler un formidable jouet pour votre minou avec un vieux catalogue. Placez le catalogue sur le dos, repliez les pages vers le milieu. Cela donne une sorte d'éventail. Cachez des friandises entre les pages, irrégulièrement espacées. Vous pouvez, bien sûr, vous contenter d'une partie du catalogue. Votre petit détective arrive-t-il à trouver toutes les friandises ?

Jouer avec son maître

Lorsqu'ils cohabitent avec des hommes, les chats restent toujours des chatons. Leur maître est un peu comme leur maman. Et quand leur maman a un peu de temps pour jouer et leur faire des câlins, les chats, quel que soit leur âge, laissent tout tomber ! Ils apprécient particulièrement une séance de jeu avant le repas du soir, car les chats qui vivent à l'extérieur chassent surtout tôt le soir. Les chats d'appartement dépensent alors l'énergie qu'ils ont accumulée. Voir aussi comment entretenir l'amitié avec son chat page 58.

Règles de base

› Les « proies » doivent toujours être en mouvement. Si vous utilisez, par exemple, un objet pour jouer avec votre chat, ne vous contentez pas de le placer devant son nez.

› Motivez votre minou avec une voix rassurante et encourageante.

› Les jeux avec des points lumineux, comme la « fun light » *(voir page 52)* ou la lampe de poche,

RESTER LUDIQUE

ATTRAPER UNE PETITE SOURIS

Même s'il ne s'agit pas d'une vraie souris, le chat peut s'exercer avec elle. Veillez toutefois à enlever les yeux et le nez des souris en peluche. Évitez aussi les couleurs et matériaux toxiques. Même la pelote de laine, que les chats apprécient tous, est dangereuse : l'animal peut, en effet, s'emmêler dans les fils et s'étrangler. Quant aux sacs en plastique, le chat risque de s'étouffer avec. Une bonne alternative : les sacs en papier sans anse.

DÉVELOPPER L'INTELLIGENCE

Pêcher une friandise dans un verre demande un peu d'adresse. Mais comment attraper, par exemple, des friandises alléchantes qui se trouvent dans une boîte fermée ? Ou bien, dans lequel des trois gobelets se cache le jouet favori de Minou et que doit-il faire pour l'attraper ? Ces jeux cérébraux sont la meilleure manière pour que les chats restent en forme dans leur tête.

SE DÉFOULER

L'appartement est sillonné de sentiers. Si cela vous semble trop ambitieux à réaliser, vous pouvez vous procurer des éléments prévus à cet effet dans les animaleries.

doivent se conclure par une expérience positive pour le chat, sous peine qu'il soit frustré.

› Les chats adorent lorsque leur maître se trouve à la hauteur de leurs yeux. De temps en temps, mettez-vous donc par terre pour jouer avec eux.

Jeux favoris du chat

Les chats raffolent de jeux simples ; vous trouverez également beaucoup de plaisir à y participer.

LA PÊCHE. Les animaleries proposent de nombreuses cannes à pêche de jeu pour chats : touffes de plumes, rubans ou petites souris en peluche dansent au bout de la canne. Vous pouvez également fabriquer vous-même des cannes à pêche pour jouer avec vos chats : munissez-vous simplement d'un rameau flexible et d'une ficelle en caoutchouc au bout de laquelle se balance une boulette en papier, un bouchon en liège ou une petite souris en peluche. Faites courir la « proie », par exemple d'une pièce à l'autre, ou montez-la du sol vers le canapé.

REMARQUE. Rangez les cannes à pêche une fois le jeu terminé. Les chats aiment bien les faire traîner et peuvent s'étrangler avec la ficelle.

JEUX DE LUMIÈRE. Attraper des points lumineux est un jeu idéal pour se défouler. À l'aide d'une lampe ou d'un miroir de poche qui capte les rayons du soleil, vous pouvez faire courir des points lumineux à travers la pièce. Les rayons du « pointeur laser » ne sont toutefois pas sans danger. Un rayonnement direct dans l'œil peut provoquer des dommages chez l'animal et chez l'humain. La « fun light » (vendue dans les animaleries) est, quant à elle, sans danger. À la fin de la séance de jeu, dirigez toujours le point lumineux vers quelque chose de saisissable, comme un petit jeu qui traîne au sol, afin que votre animal ait une expérience positive.

LE SQUASH. Pour les chats sportifs, lancez de petites balles en caoutchouc contre le mur afin

Même le plus fatigué des chats d'appartement retrouve sa forme pour ce jeu de pêche. À peine descendu du canapé, le voilà qui s'amuse déjà.

qu'ils les attrapent. Attention, ce jeu devient vite trop fatigant pour les jeunes et les vieux chats !

AVIONS EN PAPIER. Fabriquez des avions en papier et faites-les voler dans la pièce pour vos petits tigres. Si vous pouvez coller dessus quelques plumes, c'est encore mieux ! L'instinct de chasseur de votre chat n'en sera qu'exacerbé !

PETIT TOUR DE MANÈGE. Certains chats sont de véritables artistes, très cabotins, qui adorent se faire admirer dès lors qu'ils réalisent quelques cabrioles. C'est le moment de profiter de leurs capacités physiques pour leur faire faire un peu d'exercice, avec une petite récompense à la clé. Attention, jouez avec eux avant leur repas, après, ils préféreront se reposer un peu. Voici deux conditions importantes à réunir pour un « dressage » réussi : le chat doit répondre à l'appel de son nom *(voir p. 44)* et obéir à l'ordre « assis ». Pour l'entraîner à s'asseoir, mettez-vous, si possible, par terre avec lui ou asseyez-le sur une table (qui ne soit pas celle de la salle à manger). Placez-vous devant votre chat, une friandise à la main. Plein d'espoir, votre chat vraisemblablement adoptera de lui-même la position assise. Tenez maintenant la friandise devant son nez. Il se lève pour la renifler. Faites bouger la friandise au-dessus de sa tête, entre ses oreilles et vers le haut. Le chat se rassoit alors. Tout en faisant cela, ordonnez-lui de s'asseoir et dites son nom. S'il s'exécute, donnez-lui la friandise. Le résultat n'est bien sûr pas toujours immédiat.

Souris au bout d'une corde. Amenez la proie devant le chat au-dessus du tapis, du canapé, de la chaise. Un parcours de santé amusant pour vos animaux.

Souris au bout d'une corde. Amenez la proie devant le chat au-dessus du tapis, du canapé, de la chaise. Un parcours de santé amusant pour vos animaux.

Entraînez votre chat tant qu'il en a envie. Beaucoup de chats aiment aussi sauter de chaise en chaise sur commande. Pour cela, placez deux chaises à 50 cm l'une de l'autre, en vous assurant qu'elles ne glissent pas. Accroupissez- vous derrière l'une des chaises avec dans la main une délicieuse friandise pour votre chat. Attirez-le avec, par exemple, des mots tels que : « Miam, une friandise, saute ! » Si le chat bondit sur la chaise, il reçoit sa récompense. Répétez l'exercice plusieurs fois. Accroupissez-vous derrière l'autre chaise, attirez votre chat en lui parlant et lui disant « Saute ! » Faites en même temps « danser » la canne à pêche. Si le chat saute, offrez-lui une récompense. Ne forcez pas le chat à faire de l'exercice, car quand il n'a plus envie de s'entraîner, même la corruption avec une friandise reste sans effet.

CLICKER-TRAINING. Cette méthode d'apprentissage est à la mode depuis quelque temps. Elle permet d'apprendre de petits tours à votre chat et de lui faire adopter le comportement désiré. Le chat est conditionné par le « clic » d'une grenouille en métal. Pour simplifier : à chaque fois qu'il adopte un bon comportement, faites-lui entendre le « clic » de la grenouille et offrez-lui une récompense, jusqu'à ce qu'il imprime dans son cerveau que « clic » = exercice réussi = récompense.

Maintenant, reposons-nous un peu

Bien joué, bien défoulé, assez d'exercice, et maintenant ? Si votre petit félin en a assez, il est temps qu'il se détende un peu. Caresser et gratter doucement. Chaque millimètre carré de la peau du chat accueille jusqu'à 200 petits poils. Chaque racine de poil est entourée de cellules nerveuses sensibles. Pas étonnant, ainsi, que même de légers frôlements « traversent » la peau du chat et lui procurent un sentiment de bonheur. La plupart des chats aiment être caressés, cela leur rappelle leur enfance, lorsque leur mère leur léchait le pelage avec beaucoup de sollicitude. Lorsqu'ils vivent avec des hommes, même les chats adultes restent des enfants qui adorent se laisser caresser par leur « maman » – à condition que vous caressiez bien. Et ce n'est pas aussi facile qu'on le croit.

› Caressez toujours dans le sens de la pousse du poil, et non à rebrousse-poil.

› Passez la main à plat et exercez une légère pression sur le pelage, ne « piquez » pas la peau du bout des doigts.

› Avec le bout des doigts, parcourez lentement et tout en douceur le pelage de votre animal.

› Avec de petits mouvements circulaires du bout des doigts, grattez doucement votre chat sur le front, sous le menton, derrière les oreilles et entre les épaules.

› Attention à la région abdominale ! Beaucoup de chats sont sensibles à cet endroit et se défendent par réflexe en s'écartant, griffant ou mordant.

› Si votre petit tigre ronronne de plaisir, alors tout va bien. Le chat et l'homme sont tous les deux parfaitement détendus.

REMARQUE. Les chats n'apprécient guère les câlins forcés. Même s'ils ont envie d'être caressés au début, il se peut qu'ils en aient vite assez. L'extrémité de leur queue frétille légèrement ou s'agite frénétiquement, leurs pupilles sont dilatées, leurs oreilles écartées. Attention ! Tâchez de remarquer ces signaux sinon, vous risquez de vous faire mordre.

MASSAGES. Nous savons par expérience qu'un pétrissage doux décontracte, assouplit les muscles, stimule la circulation sanguine et le métabolisme. Beaucoup de chats aiment aussi les massages lorsqu'ils sont faits « correctement » *(voir illustrations ci contre)*. Essayez pour voir si vos petits tigres aiment ou non que vous leur massiez le corps, les oreilles et les pattes. Massez votre félin du bout des doigts, de la nuque à la racine de la queue, avec de légers mouvements circulaires le long de la colonne vertébrale. Caressez avec le plat de la main, en exerçant une légère pression sur tout le corps. Les oreilles sont pétries doucement avec les doigts, de la racine à l'extrémité, les pattes délicatement massées entre les coussinets palmaires.

1 Massage doux sur la tête, entre les oreilles. Le chat aime qu'on le caresse ainsi. Complètement détendu, il se laisse aller sous les doigts doux de son maître.

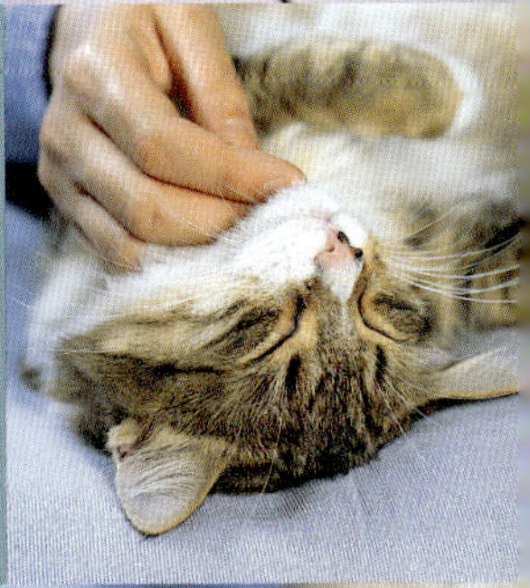

2 Les chats aiment particulièrement qu'on les masse tendrement sous le menton.

3 Pétrissez doucement les oreilles de la racine à l'extrémité. Essayez pour voir ce que votre chat en pense.

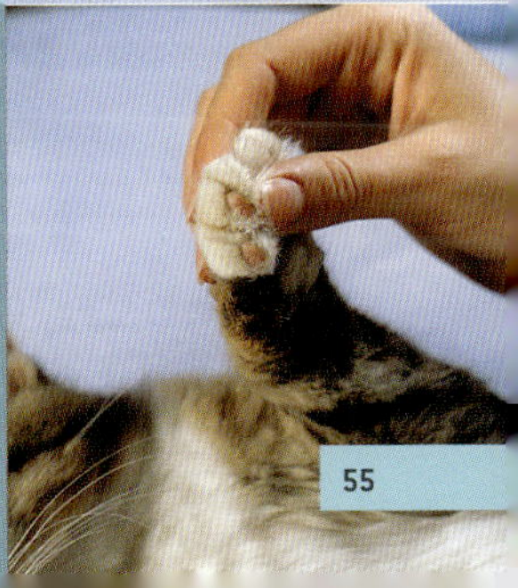

4 Les chats sont très sensibles des coussinets. Certains chats apprécient toutefois un doux massage des pattes ; utilisez deux doigts.

REMARQUE. Les massages thérapeutiques, comme l'acupression ou le Tellington Touch, peuvent même favoriser le processus de guérison de certaines maladies. Faites-vous conseiller par un spécialiste. Des gestes maladroits peuvent s'avérer plus nuisibles que bénéfiques.

Autres plaisirs du chat

Les chats apprécient aussi beaucoup les « coussins à câliner », surtout lorsqu'ils sentent la menthe des chats, la valériane, la vanille, la mélisse, la lavande ou le basilic *(voir p. 39)*. Même de vieilles chaussettes que vous avez portées peuvent devenir l'objet favori de votre chat pour les câlins, puisqu'elles ont l'odeur de son maître, qu'il assimile à sa mère. Pour détendre et distraire votre chat – et vous, par la même occasion – achetez un aquarium avec des poissons, un petit banc de guppys, facile d'entretien. L'aquarium doit évidemment être couvert, afin que vos petits tigres ne se transforment pas en pêcheurs occasionnels *(voir illustration p. 61)*. Les spirales d'énergie et autres lampes en cristal de sel sont censées produire une énergie de bien-être dans la pièce et avoir un effet bénéfique sur l'homme et l'animal ; à vous de voir.

Les vacances

Voilà à quoi ressemble notre idée de vacances réussies : changer du quotidien, quitter la maison et emmagasiner de nouvelles expériences. Les chats ont, quant à eux, une tout autre idée des vacances : il n'y a rien de mieux que la maison et ils n'ont pas besoin d'autre chose. Les chats et les humains n'ont encore jamais réussi à trouver un terrain d'entente dans ce domaine. Si vous ne voulez pas renoncer à vos vacances, mieux vaut vous trouver un remplaçant qui s'occupera de votre chat pendant votre absence. Attention ! Ne confiez jamais de jeunes chatons à des mains étrangères dans les premières

MUSIQUE DOUCE POUR SE DÉTENDRE

Sonorités douces

Beaucoup de chats aiment la musique douce qui les accompagne dans leurs rêves. Il existe des CD pour chats.

À écouter

Si vous recherchez sur Internet « musique pour chat », vous vous ferez vous-même une idée de ce que vous pouvez trouver. Faites ensuite écouter vos découvertes à votre animal.

semaines qui suivent leur arrivée, mais passez plutôt vos vacances avec eux et chez vous.

« CAT-SITTER ». Vous avez peut-être des amis ou des parents qui sont prêts à nourrir vos chats adultes deux fois par jour, et à jouer avec eux pendant votre absence. Il est préférable que vos chats connaissent déjà votre remplaçant. Donnez-lui des instructions précises. En cas d'urgence, laissez-lui l'adresse du vétérinaire et votre numéro de portable ou un numéro de téléphone où vous joindre sur votre lieu de vacances.

PENSION POUR CHATS. Beaucoup d'animaux sont tout à fait heureux dans une « bonne » pension pour chats. Peut-être parce qu'elle offre beaucoup de choses qu'ils n'ont pas à la maison et dont des petits tigres qui s'ennuient ont besoin : par exemple, une aire de jeux avec un arbre à grimper, des parcours et des jouets adaptés. Pour séjourner dans une pension, les animaux doivent, bien sûr, être vaccinés *(voir p. 73)*.

Aller se promener ensemble ?

Vous pouvez vous procurer une laisse spéciale pour chats avec un harnais de poitrine. Au premier abord, la promenade avec le chat en laisse semble être la solution idéale pour améliorer la qualité de vie des chats d'appartement. Il y a des chats qui apprécient de telles promenades s'ils sont habitués dès leur jeune âge à la laisse et au harnais, mais ce n'est vraiment pas dans la nature du chat de se promener comme un chien. Loin de vouloir priver vos tigres d'intérieur de la découverte de leur environnement extérieur avec tous leurs sens, on peut toutefois se demander ce que ressentent ces petits chasseurs lorsqu'ils sentent la laisse et constatent que leur liberté est limitée. Une question à laquelle seul le chat pourrait répondre. D'après ce que nous savons, les chats se sentent extrêmement bien à l'intérieur si leur territoire est suffisamment varié et intéressant.

Les chats sont mystérieux et difficiles à cerner. Mais si vous vivez avec des chats, vous saurez bientôt ce qui se passe dans leur tête.

ENTRETENIR L'AMITIÉ

« Les petits cadeaux entretiennent l'amitié », affirme un vieux proverbe. Si vous accordez de l'attention et de la considération à vos petits tigres qui en requièrent beaucoup, vous serez récompensé en retour.

ILS AIMENT

+ Avant de caresser votre chat, faites-lui sentir votre main.

+ Mettez-vous à sa portée. Il se sentira ainsi très proche de vous et pourra vous saluer nez à nez.

+ La routine du quotidien procure aux chats un sentiment de sécurité. D'où l'importance d'instaurer des rituels fixes avec vos petits tigres.

+ Les choses rapportées de l'extérieur, comme des plumes, des aiguilles de sapin, des châtaignes, des glands,un morceau de bois, un bouquet d'herbes ou de petits morceaux d'écorce donnent aux chats d'appartement un aperçu excitant du monde extérieur.

ILS DÉTESTENT

- Tous les chats détestent être retenus contre leur volonté ou forcés à faire quelque chose. Cela détruit leur confiance.

- Les chats ont horreur des bruits très forts, comme la musique bruyante, les aboiements de chiens, les portes qui claquent ou les violentes disputes.

- Ne déplacez pas de meubles et ne réalisez pas de travaux de rénovation si votre chat ne s'est pas encore intégré chez vous. Cela engendrerait un stress.

- Certaines odeurs que nous trouvons agréables, comme celles des lampes parfumées à l'huile d'orange, de citron ou de pamplemousse, ne le sont pas pour les chats, bien au contraire.

INCIDENTS DE COHABITATION

Voici quelques exemples de situations qui peuvent perturber la cohabitation homme/chat.

Le chat n'est tout à coup plus propre

Votre chat fait régulièrement ses besoins dans sa litière. Tout à coup, voilà qu'il se met à les faire sur le tapis. Quelles en sont les raisons?

CAUSES. Vérifiez d'abord avec votre vétérinaire que votre chat n'est pas malade. Une inflammation de la vessie peut souvent être la cause du problème. Parmi les autres possibilités, on peut évoquer celle d'une litière sale. Il se peut aussi que votre chat n'ait pas eu le temps d'aller jusqu'à sa caisse et ait donc utilisé le tapis douillet à la place. Comme l'endroit lui a finalement plu, il s'y est habitué et y revient maintenant régulièrement. Ou, alors qu'il se trouvait précisément sur sa litière, il a été effrayé par un bruit, comme celui de l'aspirateur. Peut-être avez-vous changé la litière de votre chat et a-t-il du mal à s'adapter à ce nouveau matériau? Avez-vous essayé de l'attraper alors qu'il se trouvait sur sa litière? Ce geste impressionne beaucoup le chat. Il peut aussi s'agir d'exprimer son mécontentement. Peut-être se sent-il délaissé, est-il jaloux, s'ennuie-t-il ou se sent-il trop seul ? Ses conditions de vie ont-elles changé, par exemple à la suite de l'arrivée d'une nouvelle personne dans la famille, d'un nouveau congénère ou d'un autre animal domestique?

Plusieurs causes peuvent expliquer que votre chat ne soit tout à coup plus propre. Une fois que le vétérinaire a exclu la maladie comme cause possible, il s'agit de rechercher soigneusement la base probable du problème.

SOLUTION PROPOSÉE. Commencez par nettoyer soigneusement le tapis avec des produits ne contenant ni vinaigre, ni ammoniac, ni alcool. Essayez de trouver la cause du problème et de l'éliminer, par exemple en nettoyant régulièrement la litière ou en revenant à la marque de litière habituelle de votre chat. Si rien n'y fait, demandez conseil à un vétérinaire qui vous proposera éventuellement une thérapie du comportement.

Il griffe et mord

Le chat adore par-dessus tout les jeux sauvages. Il se met sur le dos et veut ensuite qu'on le secoue avec la main. Tout à coup, il sort ses griffes ou mord.

CAUSE. Dans sa soif de chasse, le félin oublie que les mains ne sont pas un objet de proie. Il connaît sans doute ce jeu depuis qu'il est tout petit.

SOLUTION PROPOSÉE. Arrêtez tout de suite

Beaucoup de chats d'appartement s'ennuient, ce qui peut entraîner des troubles du comportement. Un aquarium semblable à celui-ci permet de les distraire. On ne sait pas si les poissons en profitent également.

de jouer. Prononcez un « aïe ! » de douleur. À l'avenir, présentez-lui plutôt une souris en peluche au bout d'une ficelle que vous promènerez devant lui et qu'il devra attraper ou employez une canne à pêche pour chats.

Lieux interdits

L'endroit préféré de votre chat est la table de la salle à manger. Comment l'en éloigner ?

CAUSE. La délicieuse nourriture des hommes, être sur un pied d'égalité avec leur maître ou simplement la curiosité et l'envie de participer incitent souvent les chats à aller sur la table.

SOLUTION PROPOSÉE. La première règle est la suivante : enlever tout ce qui peut les inciter à monter sur la table. Si vous vous absentez, collez, par exemple, plusieurs bandes d'adhésif double face tout autour de la table. Les chats détestent avoir les pattes collantes.

Les chats ne s'aiment pas forcément !

Vous emmenez votre chat chez une amie, également propriétaire d'un félin. Cette chatte âgée de 3 ans n'aime pas du tout votre chat. Lorsqu'il se trouve près d'elle, elle feule et le tape. Votre animal a très peur.

CAUSES. La situation est difficile : votre petit tigre a perdu sa maison et l'environnement auquel il est habitué, il doit, en outre, apprendre à connaître l'autre chat et son maître. Cette chatte, quant à elle, aime beaucoup dominer et doit tout à coup partager son territoire avec un congénère étranger et un inconnu, alors qu'elle bénéficiait auparavant de l'attention exclusive de son maître.

SOLUTIONS PROPOSÉES. Commencez très tôt à habituer les deux chats l'un à l'autre. Gardez-les dans des pièces séparées pendant un temps. Frottez chaque chat avec une serviette, en insistant sur les endroits où se trouvent les glandes odorantes, c'est-à-dire les joues, le menton et l'anus. Transmettez à chaque chat l'odeur de l'autre en le frottant avec leurs serviettes respectives ; ils s'habitueront à leur odeur mutuelle (les chats amis possèdent une odeur de groupe qu'ils acquièrent en se frottant l'un contre l'autre). Une solution de phéromones fabriquée synthétiquement, sous forme de spray ou diffuseur branché sur la prise de courant électrique, permet d'imiter cette odeur de groupe et aide les chats à se détendre. Les fleurs de Bach peuvent aussi être utiles. La prochaine rencontre entre les deux félins devrait avoir lieu sous surveillance, à l'intérieur et autour d'un repas commun. Commencez par placer les gamelles loin l'une de l'autre, puis rapprochez-les petit à petit. Si vous obtenez un résultat, le premier obstacle est surmonté.

CONSEILS D'EXPERT

Apprendre des chats

Gymnastique
Étirez-vous de tout votre long ou faites le dos rond, excellents mouvements pour être en forme.

Sens de l'observation
Les chats apprennent, entre autres, en observant, par exemple lorsque les portes restent ouvertes. Nous aussi ferions parfois mieux d'« y regarder à deux fois ».

Un emploi du temps bien réglé
Une évidence pour les chats. La journée ne doit pas être ennuyeuse. La routine du quotidien peut à la fois apaiser et redonner des forces.

Indépendance
Bien que les chats soient souvent collés à leur maître, ils restent fidèles à eux-mêmes. Une fidélité que beaucoup d'hommes admirent, sans toutefois l'appliquer à eux-mêmes.

Toujours là en cas de détresse
Bien que les chats aiment mener leur propre vie, ils sont toujours là lorsque nous n'allons pas bien. Il n'y a pas mieux qu'un chat pour nous consoler. Une base idéale pour une amitié de toute une vie.

En pleine forme

Si vous lui offrez la nourriture qu'il lui faut, que vous vous occupez bien de lui et que vous surveillez sa santé, vous assurerez le bien-être de votre animal et aurez un tigre d'appartement au pelage brillant, à la silhouette élancée, et en pleine forme.

FINIES LES SOURIS FRAÎCHES !

Les souris font partie, comme chacun sait, des plats favoris des chats. Leur chair leur apporte des protéines animales, des graisses et des vitamines. Leurs os et leur sang contiennent des minéraux. Le contenu de leur estomac se compose de céréales et de morceaux de plantes prédigérés qui fournissent au corps du chat des hydrates de carbone, des acides gras végétaux et d'autres minéraux. Une nourriture de remplacement est donc recommandée pour une alimentation saine des chats d'appartement.

Aliments tout prêts ou plats maison ?

Les uns prônent les bienfaits des aliments tout prêts, tandis que les autres préfèrent insister sur l'importance des plats préparés maison. Un mélange des deux semble idéal. Il existe des aliments tout prêts de grande qualité, dont la composition correspond parfaitement à celle des souris. On peut aussi servir régulièrement à ses chats d'appartement des préparations maison saines et succulentes *(voir p. 69)*.

La profusion des aliments tout prêts

L'offre est presque illimitée. Il existe toutes sortes d'aliments tout prêts pour chats. Qu'il s'agisse d'aliments humides ou secs, de nourriture haut de gamme, d'aliments spécialement conçus pour les jeunes chats, les chats actifs, les chattes gravides, les chats âgés ou encore les chats malades... l'offre est pléthorique. Et qu'en pense donc le chat ? C'est très simple : il aime ou il n'aime pas. On ne peut malheureusement pas se fier uniquement à ses goûts, car il y a des aliments qu'il adore, mais qui ne sont pas du tout bons pour lui *(voir p. 66)*.

COMMENT CHOISIR LES ALIMENTS ?

Bien lire les étiquettes !

ALIMENTS DE BONNE QUALITÉ. Plus la quantité de nourriture journalière recommandée par le fabricant sur l'étiquette est petite, plus la nourriture est de qualité et énergétique *(voir p. 68)*. Plus les informations relatives à la composition des aliments sont détaillées, plus vous en savez sur leur contenu. Le principal fournisseur de protéines est la viande musculaire (par exemple celle de bœuf, de poulet, d'agneau ou de gibier), elle doit figurer en tête de la liste des ingrédients. Une quantité importante de protéines animales est synonyme de bonne qualité. Pour les aliments secs, cherchez sur l'étiquette des indications telles que « poulet séché » ou « farine de poulet ». Cela signifie que la viande a d'abord été séchée, puis pesée, avant d'être ajoutée au mélange tout prêt. En revanche, si vous ne lisez sur l'emballage que la mention « viande de poulet », avec un pourcentage élevé, la viande a été pesée avant d'être séchée, sachez que le poids diminue beaucoup ensuite. Le pourcentage réel de viande dans les aliments secs est donc très faible. Des matières grasses de qualité, telles que l'huile de tournesol ou la graisse de volaille, doivent aussi être mentionnées. Les vitamines C ou E sont, par exemple, des antioxydants naturels, donc des agents conservateurs. Les conservateurs artificiels peuvent, quant à eux, favoriser le cancer. La part végétale de l'alimentation ne dépasse pas les 10 % et se compose de céréales faciles à digérer, telles que du riz.

ALIMENTS DE MOINDRE QUALITÉ. Sous l'appellation « sous-produits animaux », se cachent surtout des morceaux de moindre qualité, comme des boyaux, des pis, des poils et des os. La dénomination « sous-produits végétaux » inclut des substances de remplissage peu coûteuses, comme le soja, des déchets de céréales, etc. La nourriture qui contient beaucoup de produits végétaux – et donc trop d'hydrates de carbone – n'est pas conseillée pour une alimentation saine des chats : une part importante de produits végétaux favorise les douleurs rénales, les problèmes de foie et les calculs uri-

Les chats ont des goûts différents en matière d'eau. Celui-ci, par exemple, la préfère très fraîche et la boit directement au robinet.

naires. Les chats ont avant tout besoin d'une nourriture très énergétique, comprenant donc des protéines animales de qualité. Alors pourquoi de nombreux chats aiment-ils les aliments de moindre qualité ? C'est simple : le sucre, le caramel, les agents aromatisants et les substances sapides trompent leur sens du goût. Le sucre et le caramel sont, par ailleurs, nocifs pour l'organisme et causent des problèmes dentaires.

REMARQUE. Les animaleries et les vétérinaires proposent des aliments haut de gamme de bonne qualité. Même s'ils semblent coûteux au premier abord, la dépense vaut la peine : le chat a besoin de moins de nourriture, il reste en meilleure santé et ses excréments dans la litière sont plus petits.

Nourriture humide ou sèche ?

Qu'elle se compose d'aliments humides ou secs, une nourriture pour chats de qualité doit être constituée d'« aliments complets ». Les deux types d'aliments présentent des avantages et des inconvénients. La nourriture humide contient 70 à 80 % d'eau et couvre ainsi les besoins du corps du chat en liquide. Tant que l'emballage est fermé, la nourriture se conserve longtemps ; dans la gamelle, en revanche, elle s'abîme vite. La nourriture sèche contient des nutriments sous une forme concentrée, elle est facile à manier et se conserve mieux que la nourriture humide dans l'écuelle. Sa teneur en eau n'est que de 10 % environ. Pour éviter des maladies rénales et vésicales, le chat doit boire beaucoup.

UNE ALIMENTATION VARIÉE

Dès le plus jeune âge

Habituez votre chat à différents goûts dès tout petit, afin qu'il ne se focalise pas dans un type d'aliment et refuse les autres.

Changer les habitudes

Variez les menus de vos chats et cuisinez de temps en temps pour eux *(voir p. 69)*.

Sa langue rugueuse est un outil important pour le chat. Elle lui sert pour boire, détacher la viande des os et peigner son pelage.

Le mélange idéal

Des aliments tout prêts de qualité couvrent parfaitement les besoins du corps du chat. Il n'est cependant pas recommandé de nourrir exclusivement votre chat avec des aliments humides ou secs. Vous pouvez soit combiner les deux, car les chats aiment les petits morceaux durs mélangés avec de la nourriture molle, soit alterner les repas de nourriture sèche et de nourriture humide. Proposez à vos petits tigres de la viande fraîche de bœuf ou d'agneau une fois par semaine (achetée chez le boucher ou auprès d'agriculteurs biologiques), ou encore des petits morceaux cuits de poulet, de dinde, de poisson ou de gibier. Les chats apprécient aussi, de temps en temps, des abats cuits, comme du foie de dinde et de poulet, ainsi que des rognons. Tous ces aliments permettent de faire travailler les dents. Cela correspond aux conditions dans la nature et prévient la formation de tartre.

REMARQUE. La viande de porc crue peut transmettre le virus de la maladie mortelle d'Aujeszky et doit donc être évitée pour les chats.

Les petits « extra » du chat

Une à deux fois par semaine, proposez-lui une cuillerée à café de faisselle ou d'huile d'onagre (en animalerie), un petit morceau de beurre ou de margarine ou encore un œuf cuit, un œuf sur le plat ou un œuf brouillé (avec une pincée de sel).

FRIANDISE EN RÉCOMPENSE. Tenez toujours compte des calories de la ration quotidienne de nourriture. Une ration normale à laquelle vous ajoutez des friandises fera grossir votre chat *(voir « Gros et rond », p. 75)*.

Quelle quantité et à quelle fréquence ?

QUANTITÉ DE NOURRITURE. Elle dépend de plusieurs facteurs, tels que l'âge, le poids, ou s'il

La verdure aide à expulser des boules de poils avalées. L'herbe à chats, le souchet, le bambou d'intérieur ou le chlorophytum sont sans risque et facilitent la digestion.

s'agit d'une chatte gravide ou allaitante. Un chat adulte a, en moyenne, besoin d'environ 70 calories par kg de poids. La ration alimentaire journalière indiquée sur les boîtes de nourriture est de 150 à 400 g pour un chat adulte d'environ 4 kg. La quantité dépend de la qualité de la nourriture *(voir p. 66)*. Il en est de même pour la nourriture sèche. Dans le cas d'une nourriture sèche de bonne qualité, 40 à 80 g par jour suffisent.

REPAS. Les chats adultes sont nourris deux fois par jour, si possible le matin et le soir. Les chatons, jusqu'à l'âge de 6 mois, mangent trois à quatre fois par jour une nourriture junior très énergétique (indiquée Kitten, sur les paquets).

REMARQUE. Ne laissez pas traîner la nourriture sèche toute la journée dans une gamelle. D'une part, elle perd en fraîcheur et en odeur, d'autre part, le chat ne trouve pas dans la nature un plat tout prêt, à tout moment. Par ailleurs, les chats d'appartement tendent, souvent à trop manger parce qu'ils s'ennuient, ce qui entraîne irrémédiablement des problèmes de poids *(voir « Gros et rond », p. 75)*.

La boisson idéale

L'eau est la boisson idéale pour les chats et doit leur être proposée en plusieurs endroits dans l'appartement *(voir p. 36)*. Le lait de vache contient du lactose qui peut provoquer des diarrhées.

Herbe à chats

Les chats à poils courts supportent l'herbe mieux que les chats à poils longs : les poils avalés se concentrent en boules dans l'estomac (bézoards) et sont ensuite recrachés. L'herbe à chats peut aider le chat à vomir.

Conseils pour des plats maison

Avec de bons aliments tout prêts, vous nourrissez votre chat de manière très satisfaisante, mais si vous aimez cuisiner, rien ne vous empêche de gâter votre animal de temps en temps avec des petits plats maison. Veillez à tenir compte des éléments suivants :

VIANDE ET POISSON. Viande maigre *(voir p. 66)* et poisson sans arêtes sont cuits à la vapeur pendant vingt minutes environ, et composent l'essentiel du repas. Dix minutes de cuisson suffisent pour le foie de dinde et de poulet.

GARNITURE. Faites cuire du riz, des pâtes, des pommes de terre, des flocons d'avoine ou de l'orge, et un tout petit peu de légumes, comme des carottes, dans un peu de bouillon et mélangez le tout avec la ration de nourriture du chat.

COMPLÉMENTS. La farine d'os (magasins spécialisés) est une source de calcium naturelle.

Respectez les indications de quantité par ration alimentaire mentionnées par le fabricant. Les mélanges de vitamines proposés dans les animaleries fournissent d'importants minéraux et vitamines.

DES RÈGLES ALIMENTAIRES ÉPROUVÉES

Température

Ne donnez pas de la nourriture tout droit sortie du réfrigérateur. Des aliments à température ambiante ou légèrement réchauffés dégagent des arômes alléchants.

Restes

Enlevez la nourriture restée dans la gamelle une demi-heure après le repas.

Conserver

Emballez dans des boîtes hermétiques la nourriture sèche ou humide entamée.

Changements

Pour changer de nourriture, commencez par ajouter des aliments nouveaux à ceux auxquels votre chat est habitué.

Extras

Vous pouvez ajouter une minuscule friandise de temps en temps.

B. A.-BA DES SOINS DU CHAT

Les chats passent trois à quatre heures par jour à s'occuper de leur pelage et de leurs griffes. Cela devrait suffire. Pourtant, quelques mesures supplémentaires peuvent aider vos tigres d'appartement à se sentir encore mieux et vous pourrez vérifier leur état de santé. Habituez votre chat dès son jeune âge à des rituels de soin.

Le brossage-caresse

Beaucoup de chats aiment lorsque leur maître les brosse et les peigne. Le principe essentiel est le suivant : ne jamais brosser « à rebrousse-poil » mais toujours dans le sens de la pousse du poil. Commencez de préférence par la tête, poursuivez par le dos et les flancs, puis la queue, les pattes et, pour finir, la partie inférieure du ventre, très sensible. Alternez les mouvements de brosse avec des caresses de la main. Vous pourrez en profiter pour repérer d'éventuels boutons ou autres changements sur la peau de votre animal. Pour finir, caressez une fois encore tout le pelage avec des mains mouillées pour éliminer les poils.

CHATS À POILS COURTS. Même si ces chats s'occupent généralement tout seuls de leur pelage, ils se font volontiers aider une à deux fois par semaine. Utilisez pour cela une brosse en poils naturels (ou un gant avec des picots en caoutchouc) et un peigne aux dents serrées, courtes et arrondies.

CHATS À POILS MI-LONGS ET LONGS. Ils peuvent entretenir eux-mêmes leur somptueux pelage avec leur langue, mais vous devez également les brosser tous les jours. Leurs poils s'emmêlent généralement vite et ces chats avalent beaucoup de poils, ce qui peut entraîner la formation de boules de poils, ou bézoards, dans l'estomac. Même si ces boules de poils sont souvent recrachées, elles peuvent toutefois provoquer des problèmes digestifs *(voir p. 69)*. Utilisez une brosse métallique douce et un peigne aux dents espacées, longues et arrondies. En cas de nœuds dans les poils, enlevez-les délicatement avec un cutter ou des ciseaux à bouts ronds.

REMARQUE. Ne baignez votre chat que sur les conseils du vétérinaire, par exemple en cas de maladies de peau.

Cette chatte s'étire au contact de la brosse. Un tel massage à la brosse fait vraiment du bien lorsque son pelage la démange.

Des yeux clairs et des oreilles propres

Les yeux fascinants des chats ne risquent généralement pas grand-chose. Seules de petites croûtes ou des yeux qui coulent en permanence (ce qui est fréquent chez les chats persans en raison d'un canal lacrymal trop étroit ou bouché) nécessitent des soins. Utilisez pour cela un mouchoir en papier légèrement humide. Les oreilles sont normalement propres, sans odeur et rose pâle. Nettoyez également les éventuelles saletés avec un mouchoir en papier légèrement humide. Des nodules foncés, des démangeaisons fréquentes ou un hochement de tête indiquent une gale des oreilles. Consultez votre vétérinaire.

REMARQUE. N'employez jamais de cotons-tiges pour nettoyer les oreilles de votre chat.

Des dents bien entretenues

Un contrôle dentaire doit avoir lieu une fois par mois. Beaucoup de chats tendent à présenter des dépôts de tartre, ce qui entraîne des inflammations douloureuses des gencives et peut provoquer la perte de dents *(voir « Aliments de moindre qualité », p. 66)*. Le vétérinaire doit se charger d'enlever le tartre. Le chat est alors anesthésié. Vous pouvez préventivement nettoyer les dents de vos petits tigres avec une brosse à dents spéciale et du dentifrice. Des friandises spéciales et des petits morceaux de viande crus constituent aussi des mesures préventives adaptées *(voir p. 68)*.

Le soin des griffes

Les chats se chargent eux-mêmes de leur entretien, pourvu qu'ils aient la possibilité de griffer. Le vétérinaire doit raccourcir les griffes trop longues.

Nettoyez les oreilles sales avec un mouchoir en papier légèrement humide. Du cérumen noir peut indiquer la présence d'acariens.

UNE BONNE SANTÉ, CONDITION D'UNE LONGUE VIE

Les chats d'appartement sont, certes, protégés des nombreux dangers qui les guettent à l'extérieur, mais pas à l'abri des maladies. Le plus grand risque pour leur santé est souvent l'homme lui- même car, par ses chaussures ou ses vêtements, il peut rapporter des agents pathogènes.

Vaccination obligatoire !

Les vaccinations sauvent des vies. Faites donc vacciner vos chats dès leur arrivée chez vous. La première vaccination peut avoir lieu dès la huitième semaine de vie. Des vaccinations de rappel sont ensuite nécessaires tous les ans. Un vétérinaire pourra vous en dire plus sur toutes les vaccinations indispensables pour vos chats d'appartement.

PANLEUCOPÉNIE. Symptômes : manque d'appétit, apathie, fièvre élevée, vomissements, fortes diarrhées. Cette maladie est généralement mortelle, surtout pour les jeunes chats.

CORYZA. Symptômes : éternuements fréquents, écoulement nasal et oculaire, yeux collés, gêne respiratoire, salivation, fièvre, manque d'appétit. L'infection peut être mortelle.

LEUCOSE FÉLINE (FELV). Ce virus incurable se transmet par la salive et les excrétions des chats infectés. La contamination peut avoir lieu dans l'organisme maternel. Plusieurs années peuvent s'écouler avant que la maladie ne se déclare, années pendant lesquelles le chat ne présente aucun symptôme, mais peut toutefois transmettre l'agent pathogène. Un test de la leucose permet d'en savoir plus. La maladie peut prendre différents aspects (apathie, manque d'appétit, fièvre et perte de poids). S'ajoutent ensuite des abcès,

En cas de croûtes dans les yeux, servez-vous d'un mouchoir en papier humide. Si les yeux du chat coulent en permanence, une visite chez le vétérinaire s'impose.

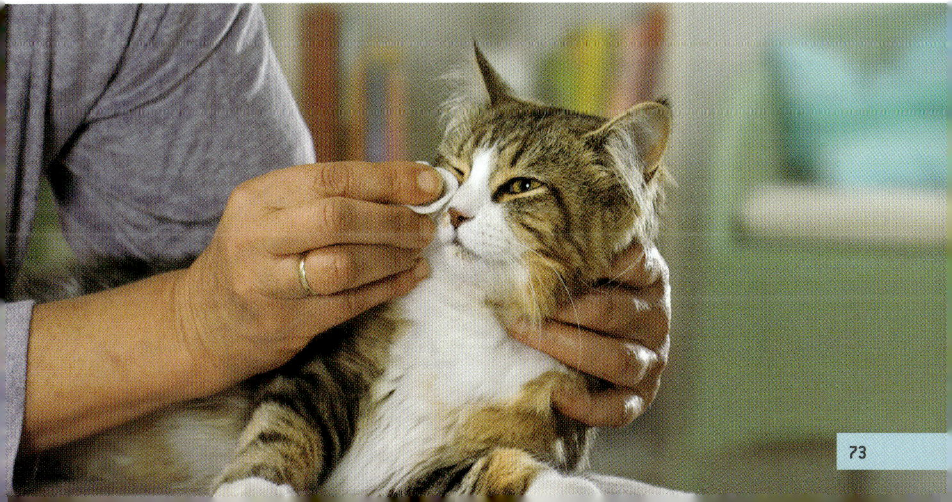

Ce petit tigre est en pleine forme. Il se glisse sous la moindre ouverture. L'élasticité du corps du chat en bonne santé est tout simplement incroyable.

des maladies gastro-intestinales et des inflammations gingivales allant jusqu'à des pustules cancéreuses sur les organes internes.

RAGE. Cette infection virale mortelle se transmet par la salive des animaux infectés. La vaccination est conseillée en cas de voyage à l'étranger.

REMARQUE. L'infection virale PIF (péritonite féline infectieuse) ne se soigne pas non plus. Les chats peuvent porter le virus en eux, sans présenter de symptômes. Le FIV (sida des chats) ne se transmet que par un contact direct. Parlez-en au vétérinaire !

Puces et autres parasites

PUCES. Si votre chat semble se gratter fréquemment, un test peut s'avérer utile. Peignez le pelage du chat sur un support clair. Des petites miettes noires qui se colorent en rouge au contact de l'eau sont des excréments de puces. Des traitements modernes, sous forme de pipettes prescrits par les vétérinaires, permettent d'éliminer rapidement ces puces. Certains de ces traitements s'attaquent aussi aux parasites internes.

VERS. Après le traitement des puces, une cure de vermifuge s'impose généralement, car les puces sont des hôtes intermédiaires pour de nombreuses espèces de vers. Des œufs de vers peuvent aussi arriver dans l'appartement via les semelles de chaussures. Un chaton peut également absorber des larves d'ascarides en même temps que le lait maternel. Une cure de vermifuge par an suffit généralement pour les chats vivant exclusivement en appartement. Un examen des excréments par le vétérinaire permet de déterminer si un chat a des vers ou non. On repère aussi à l'œil nu les ténias, semblables à des « grains de riz » mobiles, dans les excréments ou autour de l'anus.

ACARIENS. Des zones enflammées ou croûteuses sur la peau peuvent indiquer une infestation d'acariens. Un cérumen noir renvoie vraisemblablement à une gale des oreilles.

Gros et rond – en bonne santé aussi ?

Plus de 40 % des chats d'appartement sont trop gros. Les raisons sont les mêmes que pour l'homme : trop de calories et trop peu de mouvement. « Quelques kilos de trop » peuvent toutefois avoir de graves conséquences sur la santé des chats : diabète, maladies des reins et du foie, troubles articulaires et cardio-vasculaires.

TEST DE LA SILHOUETTE. Lorsque vous caressez les côtes de votre chat avec vos mains, vous sentez une épaisse couche de graisse. De profil, son ventre est plutôt rond. Vu d'en haut, il n'a pas de taille. Lorsqu'il court, son ventre va et vient. Votre chat doit perdre du poids.

QUE FAIRE ? Plusieurs approches sont possibles, mais le chat ne doit en aucun cas avoir faim. Évitez, par exemple, de diminuer par deux sa quantité de nourriture. Demandez-vous d'abord si votre petit tigre a accès à sa nourriture sèche à tout moment ; si oui, mettez fin à cette mauvaise habitude *(voir p. 68)* ! Les chats d'appartement qui s'ennuient mangent, en effet, plus que ce qui est bon pour eux. Faites l'inventaire de tous les petits « extra » que vous accordez à votre chat en plus de sa ration alimentaire journalière. Donnez-lui moins de friandises et faites en sorte que votre petit animal rondelet mérite sa récompense, par exemple avec la snack ball *(voir p. 49)*.

Élargissez son programme de divertissement en l'incitant à jouer avec vous *(voir p. 52)*. La nourriture dite « light » n'est pas toujours conseillée ; si vous voulez en donner à votre chat, parlez-en d'abord au vétérinaire.

CONTRÔLE DU POIDS. Vérifiez le poids de vos chats adultes en les prenant sur votre bras et en vous pesant avec eux sur la balance. Déduisez simplement votre poids pour trouver le leur.

Problèmes spécifiques

Air sec, poussiéreux, enfumé. Il peut irriter les voies respiratoires des chats. Pour que les problèmes ne deviennent pas chroniques, montrez vos chats à un vétérinaire. Mesures préventives : aérer régulièrement, installer une fontaine d'intérieur ou un humidificateur et ne pas fumer. Allergie alimentaire. Parmi les symptômes fréquents, on note des maladies de peau et des diarrhées saignantes. Une allergie alimentaire n'est toutefois pas si facile à déceler, car il n'existe pas de tests adéquats. Le changement de marque d'aliments déclenche souvent une allergie. Beaucoup de chats sont aussi allergiques aux produits laitiers de toutes sortes. Le vétérinaire pourra vous proposer une nourriture hypoallergénique adaptée qui conviendra parfaitement à votre chat.

La castration

Ce thème est essentiel si vous possédez plusieurs chats de différents sexes. Les chats ont des pulsions sexuelles marquées. Pendant la période des chaleurs, la chatte est agitée, se roule par terre, réclame un chat en criant et marque son territoire avec de l'urine en différents endroits de l'appartement. Les chats montrent qu'ils sont prêts pour l'accouplement en laissant des messages urinaires très odorants sur le rideau ou le pied de chaise. Ils réclament également une compagne en gémissant. La castration permet d'éliminer ce type de comportement.

INTERVENTION DU VÉTÉRINAIRE. La castration est une affaire de routine pour les vétérinaires. L'intervention se fait sous anesthésie générale. Chez la chatte, les ovaires sont enlevés, chez le chat, on ôte les testicules.

LE BON MOMENT. La castration doit avoir lieu avant la maturité sexuelle. Chez la chatte, à partir du sixième mois de vie environ, chez le chat, entre le huitième et le dixième mois de vie.

LES ANIMAUX CASTRÉS. Ils sont souvent plus calmes, bougent moins, consomment ainsi moins de calories, tout en ayant un appétit normal. Des petits « bourrelets de graisse » se forment vite. Un programme de divertissement peut leur permettre « d'éliminer » un peu *(voir p. 49)*.

Les adieux

Un chat d'appartement, qui vit dans un environnement adapté et dont on s'occupe bien, peut vivre jusqu'à 20 ans et plus. S'il est épargné par la maladie, il meurt un jour de vieillesse. Il arrive aussi qu'il souffre d'une maladie incurable ou très douloureuse. Dans ce cas, vous devriez laisser le vétérinaire le délivrer de ses souffrances.

Un chat malade. Il a surtout besoin de chaleur, de repos et de toute votre attention. Il sera alors sans doute rapidement de nouveau « sur pattes ».

Prendre la température avec un thermomètre digital. La température normale du chat adulte est de 38 à 39,3°C.

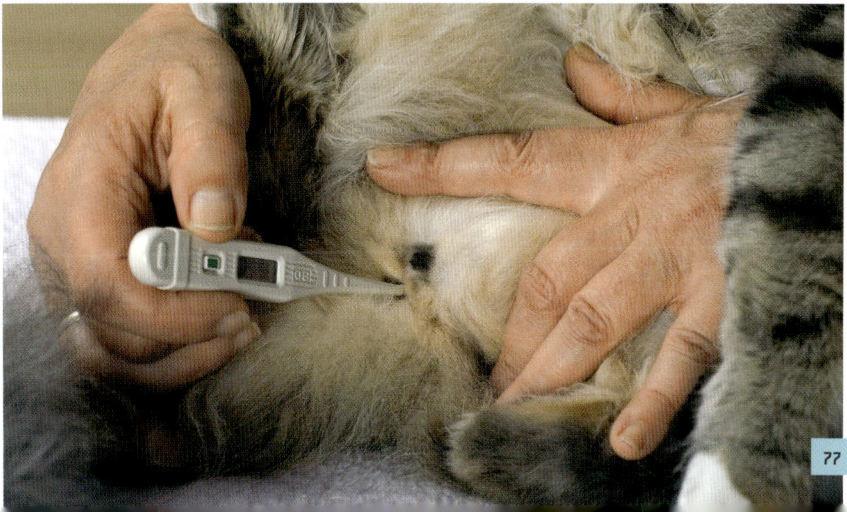

CONSEILS D'EXPERT

En cas de maladie

Transport chez le vétérinaire

Habituez votre félin à la boîte de transport. Posez la boîte ouverte par terre, à l'intérieur, ajoutez un objet qui porte votre odeur et une friandise. Une fois que le chat s'y est installé, fermez la porte et soulevez délicatement la boîte. Le premier voyage du chat ne doit pas se terminer chez le vétérinaire.

Médecine douce

Les vétérinaires modernes et les thérapeutes pour chats emploient depuis longtemps déjà des thérapies alternatives, telles que l'homéopathie, les fleurs de Bach, l'acupuncture ou certaines techniques de massage.

Pharmacie

L'équipement se compose d'un thermomètre pour la température, de vaseline (pour graisser le thermomètre), de crèmes et de baumes pour les blessures (proposés par le vétérinaire), de gaze et de bandes, ainsi que de seringues jetables (sans aiguille, à usage médical).

Chat malade

Du repos, de la chaleur, un lit propre et toute votre attention, voici ce qui fait du bien aux chats. Le vétérinaire vous expliquera ce qu'il faut faire dans le cas précis de votre chat.

SOS : QUE FAIRE ?

Jalousie

PROBLÈME. Depuis que notre bébé est né, notre chat est agressif vis-à-vis de nous et du bébé.
CONSEIL. Votre chat est jaloux. Il se sent délaissé. Il est important qu'il associe des choses agréables au bébé, comme une friandise supplémentaire lorsqu'ils se trouvent ensemble dans la pièce.

Fugue

PROBLÈME. Notre chat s'est échappé à l'extérieur.
CONSEIL. « Armez-vous » de nourriture sèche et appelez-le avec une voix rassurante. Les résultats sont souvent plus concluants la nuit car tout est calme à l'extérieur. Renseignez-vous auprès des voisins, des refuges, de la police.
Distribuez des « avis de recherche » avec la photo de votre chat.

Propreté

PROBLÈME. Notre chat a adopté le pot de fleurs comme litière.
CONSEIL. Changez la terre du pot. Recouvrez-la d'une épaisse couche de gros cailloux. Aspergez la terre et les cailloux d'eau additionnée de quelques gouttes d'huile de citron ou d'orange.

Déménagement

PROBLÈME. Comment faire pour qu'un chat supporte un déménagement sans stress ?
CONSEIL. Déménager signifie pour le chat perdre le logement auquel il est habitué, changer d'emploi du temps et souvent se séparer d'un voisin de confiance. Il faut se mettre à la place de l'animal et lui accorder plus d'attention encore. Des sprays aux phéromones (vétérinaire) ou des produits homéopathiques, comme l'Ignatia D12, peuvent s'avérer utiles. Pendant le déménagement, enfermez l'animal dans une pièce que vous viderez en dernier. Dans le nouvel appartement, commencez par aménager une pièce avec les objets favoris de votre chat, comme l'arbre à chat, la gamelle et le panier dans lequel il dort.

Agressivité

PROBLÈME. Mon chat me fait mal en me mordant les doigts lorsque je joue avec lui.
CONSEIL. Votre chat considère vos doigts comme une proie. N'employez jamais vos mains pour des combats ludiques. Pour les jeux où l'objectif est d'attraper une proie, utilisez des bâtons avec des touffes de plumes attachées au bout d'une ficelle que vous agiterez devant votre animal.

REMARQUES IMPORTANTES

> Les vaccinations et les vermifuges sont indispensables pour ne pas mettre en danger la santé de l'homme et de l'animal.

> Rendez-vous immédiatement chez le vétérinaire dès que vous remarquez des symptômes de maladies ou des parasites. Vous vous protégerez ainsi vous-même contre les maladies infectieuses.

> Si vous êtes allergique, faites de préférence un prick test (test cutané) sur les poils de chat avant d'acheter un animal.

> L'assurance responsabilité civile prend en charge les dommages provoqués par les chats.

ABC des races de chats

Il existe environ 63 races distinctes de chats, reconnues par le LOOF (Livre Officiel des Origines Félines) ; en voici quelques-unes parmi les plus connues.

ABYSSIN

Race d'origine mystérieuse, le premier Abyssin arrive en France en 1927. Élégant, à la tête en forme de triangle, aux yeux en amande – dorés, noisette ou verts –, aux oreilles assez grandes et à l'encolure souple et arquée, l'Abyssin a une apparence royale. Sa fourrure tiquetée est courte et résiliente (élastique au toucher). Ce chat intelligent et dévoué à son maître n'aime pas la solitude.

AMERICAN BOBTAIL (POIL COURT ET POIL LONG)

L'American Bobtail est un chat naturel, héritier d'une race développée aux États-Unis. Ce chat de taille moyenne à grande se caractérise par un corps puissant et athlétique, terminé par une queue plus courte que la normale. L'American Bobtail s'adapte facilement à tous les styles de vie !

AMERICAN CURL (POIL COURT ET POIL LONG)

Curl (« bouclé » en anglais), comme les oreilles en croissant de lune de ce chat, dues – paraît-il – à un gène dominant (élément constitutif de la race). Il existe deux variétés d'American Curl : à poil court (la robe est courte et soyeuse) et à poil long (robe mi-longue avec une texture fine et peu de sous-poil). Toutes les couleurs de robes et d'yeux sont possibles pour ce chat robuste et sans souci particulier.

AMERICAN SHORTHAIR (ET WIREHAIR)

La race s'est développée en Amérique du Nord à la fin du XVIIIe siècle, ses ancêtres ayant débarqué sur le continent en même temps que les premiers immigrants européens. Ce chat de taille moyenne a la particularité d'avoir un poil crépu et rêche. Tout comme le Wirehair, l'American Shorthair est un chat équilibré qui cohabite facilement avec d'autres chats et qui adore les enfants.

ANGORA TURC

Jusqu'au XVIIe siècle, le chat était considéré – dans l'Occident – uniquement d'un point de vue utilitaire. Ce regard commence à changer lorsque les marchands importent des chats à poil long en provenance du Proche et du Moyen-Orient. On les appelait « chats d'Angora » puisqu'ils venaient, pour la plupart, d'Ankara, en Turquie. Les Français en raffolaient et il semble que la reine Marie-Antoinette en possédait quelques-uns. Longtemps, le blanc a été considéré la couleur emblématique de cette race, mais aujourd'hui, les Angora turcs colorés sont de plus en plus appréciés.

BOMBAY ET BURMESE AMÉRICAIN

En 1930, le Major Thomson, médecin en poste à Bangkok, ramène à San Francisco Wong-Mau, la chatte à l'origine de tous les Burmeses. Le Bombay, lui, est le petit frère du précédent. Une éleveuse américaine, Nikki Horner, rêvait d'un chat domestique ressemblant à une panthère noire.

Calmes et posés, mais aussi joueurs et espiègles par moments, ces deux chats sont faciles à vivre.

CEYLAN

Le Ceylan est issue de l'île de Ceylan (actuellement Sri-Lanka). En 1984, Paolo Pellegatta, vétérinaire italien, en ramène à Milan. Néanmoins, son élevage s'est fort peu développé depuis. Chat de taille moyenne, le Ceylan a les pattes arrière légèrement plus hautes que les pattes avant, des yeux jaune-vert « rêveurs », un nez court et une fourrure courte, soyeuse. Joueur et affectueux, mais aussi indépendant, la compagnie du Ceylan est très appréciée.

CHARTREUX

La légende selon laquelle le Chartreux a été élevé par les moines du même nom est fausse. Les premiers chats bleus ont probablement été rapportés en Occident au Moyen Âge par les croisés. Le terme « chartreux », lui, date du XVIIIe siècle et désigne la fourrure bleu-gris de ces chats ! On dit de ce chat qu'il est vif et intelligent, qu'il s'adapte parfaitement à la vie moderne et que sa compagnie est appréciée de toute la famille.

CORNISH REX

Avec son allure de lévrier, le Cornish Rex est un chat des plus raffinés : dos arqué, ossature fine, yeux ovales, très ouverts, oreilles grandes et coniques, placées haut sur la tête, queue longue et fine comme un fouet. Actif, agile, intelligent, attaché à ses maîtres – voici des qualités très appréciées chez ce chat.

DEVON REX

Ce chat au poil frisé, à l'apparence d'un petit gremlin espiègle, est né dans une ferme du Devonshire, en 1960. Puisqu'il a une petite voix, il sait recourir à des ruses pour signaler sa présence. En même temps, ce chat est facile à vivre et s'entend à merveille avec tous les membres de la famille.

EUROPÉEN

Rebaptisé récemment « European Shorthair », l'Européen descend directement du chat domestique, connu depuis l'Antiquité. D'ailleurs, il est encore jugé trop commun par certains et associé au chat de gouttière. L'European Shorthair s'adapte facilement à tous les environnements et peut cohabiter avec d'autres chats (et même avec des chiens !). Très joueur, chasseur redoutable, il adore se trouver à l'extérieur s'il dispose d'un jardin.

JAPANESE BOBTAIL (BOPTAIL JAPONAIS)

Les représentations de chats à queue courte, en forme de chrysanthème, sont nombreuses dans toute l'Asie. À la fin du Xe siècle, Idi-Jo, l'empereur du Japon, importe des chats de Corée afin de préserver des souris ses précieux manuscrits. Le Bobtail japonais est un chat de taille moyenne, mince et athlétique. Sa queue est enroulée sur elle-même et forme un pompon rappelant un chrysanthème, fleur porte-bonheur pour les Japonais. Joyeux, espiègle, curieux, joueur, c'est un des chats les plus attachants qui existent. Peu exigeant, même si la présence de son maître est indispensable à son bonheur, il apprécie les grandes espaces pour courir.

KORAT

Le Livre du chat, un manuscrit du XIIIe siècle de la cour du Siam, atteste de l'amour et du respect qu'on vouait à l'époque aux chats thaïlandais. Un chat bleu-gris aux yeux verts y figure. Des siècles plus tard, vers la fin du XIXe siècle, le roi Rama V le découvre avec émerveillement et le rebaptise du nom de la province du Korat. Casanier et peu aventureux, ce chat n'aime guère l'agitation. Son intelligence fait qu'il comprend très vite ce que l'on attend de lui.

MANX, CYMRIC

Le Manx est un chat sans queue, caractéristique due à une mutation génétique naturelle produite sur l'île de Man [à proximité d'Irlande] il y a environ trois siècles. La variété à poils mi-longs prend l'appellation de « Cymric ». Côté tempérament, c'est un chat calme et équilibré, qui a besoin de l'affection de son maître et qui sait aussi la lui rendre.

MAU ÉGYPTIEN

Le Mau égyptien chat des pharaons ? Vraisemblablement une race très ancienne, puisque sa robe tachetée a été représentée il y a plus de 2 000 ans dans les peintures murales qui ornent les tombes des pharaons du Nouvel Empire. Au quotidien, le Mau égyptien est un chat agréable et qui s'adapte facilement à la vie en appartement.

MUNCHKIN [POIL COURT ET POIL LONG]

Le Munchkin, originaire des États-Unis [Louisiane], est le résultat d'une mutation génétique chez le chat de gouttière. De santé robuste, rapide, joueur et aussi très sociable [même avec les chiens !], le Munchkin montre un grand attachement envers son maître.

NORVÉGIEN

Rapportés du Moyen-Orient par les Vikings, les chats font rapidement leur entrée dans la mythologie nordique ; ainsi, la déesse Freya possédait-elle un attelage de chats à poil long pour tirer son char. Doux mais énergique quand il joue, le Norvégien s'adapte aux situations les plus diverses.

OCICAT

Le nom d'« ocicat » vient de sa ressemblance avec l'ocelot [chat sauvage américain]. Côté tempérament, ce chat semble unique : vif et tendre, présent sans être envahissant, sociable et joueur mais aussi obéissant [au point de répondre aux ordres de son maître], il adore se faire câliner et s'entend à merveille avec ses congénères.

PERSAN

C'est de l'union des chats d'origine moyen-orientale [qui avaient leur place dans les salons des élégantes parisiennes du XVIIIe siècle] et des Angoras déjà présents en Angleterre que serait né le Persan... C'est aujourd'hui la race féline la plus répandue dans le monde. Calme et réservé, d'une grande douceur, il est chez lui dans les intérieurs douillets.

PETERBALD

Le Peterbald doit son nom à Pierre le Grand, le tsar fondateur de Saint-Pétersbourg. En effet, cette race de chat est originaire de Russie. Il existe trois variétés de Peterbald : les « nus » à la peau élastique, donnant au toucher l'impression du caoutchouc ; les « velours », dont la peau est recouverte d'un duvet très court faisant penser à un velours ras ; les « brush », dont le poil est court, frisé et dur. Le

Peterbald n'est pas un chat des plus calmes, bien au contraire : curieux, bavard, très actif car plein d'énergie, détestant la solitude.

RAGDOLL

Cette race de chats est aussi originaire des États-Unis, où elle a été créée par Ann Baker, éleveuse de Persans, dans les années 1960. C'est elle qui lui a donné ce nom (ragdoll signifie « poupée de chiffons » en anglais) pour rendre compte de sa particularité : en effet, quand on le porte, le Ragdoll devient aussi mou qu'une poupée de chiffon. Calme et doux, plein d'affection et discret, il se montre assez peureux s'il est sorti de son environnement habituel.

RUSSE

Les origines du Russe sont controversées : Russie occidentale ? Pourtour méditerranéen ?
Les marins l'introduisent en Angleterre au milieu du XIXe siècle et lui donnent le surnom de « Bleu Russe ». On qualifie ce chat de casanier et calme : craignant le bruit, se méfiant des étrangers, mais se montrant tendre envers son maître, il n'aime pas la solitude et adore qu'on s'occupe de lui. Il existe également une variété de Russe à poil mi-long appelée « Nebelung ».

SACRÉ DE BIRMANIE (BIRMAN)

Le Sacré de Birmanie ou Birman est une race originaire de France. Néanmoins, une belle légende véhicule raconte que jadis, dans un temple khmer voué à une déesse aux yeux de saphir vivait un vieux moine et son chat blanc. Mais des pillards assassinent le vieux moine. Le chat supplie la déesse de le ramener à la vie. Sa fourrure prend alors la couleur de l'or, ses yeux se font bleus, ses pattes se colorent de brun, mais ses pieds restent d'un blanc éclatant comme la neige. Chat affectueux et doux, le Birman s'adapte bien à la vie en appartement et aux habitudes de la vie en famille ; il aime partager ses jeux et apprécie un environnement aimant.

SIAMOIS

Race ancienne originaire de Thaïlande, les premiers Siamois sont arrivés en Grande-Bretagne au milieu du XIXe siècle et remportent un si grand succès que, très vite, ils gagnent les États-Unis. Le Siamois est un chat au « superlatif » : très actif, très câlin, très communicatif (voire bavard) !

TURC DE VAN

Appelé aussi « chat nageur » puisqu'il aime l'eau, le Turc de Van est un chat de grande taille, à poils mi-longs. L'histoire de la race remonte loin dans le temps ; quant à ses territoires d'origine, ils se situent dans la région du Mont Ararat (sud-est de la Turquie), aux rives du lac de Van. Timide, ce chat devient joueur et affectueux s'il est mis en confiance.

YORK CHOCOLATE

L'appellation de cette race de chats associe le nom l'État de New York et la couleur de son pelage. D'un caractère attachant, joyeux et actif sans être nerveux, le York Chocolate est aussi un chat débrouillard – héritage possible de ses origines modestes (chats de gouttière). Il adore son maître, accepte facilement ses congénères et s'adapte parfaitement à la vie dans un appartement.

Carnet de santé de mon chat

DATE	OBSERVATIONS

DATE	OBSERVATIONS

DATE	OBSERVATIONS

Ressources utiles

Adresses

> **ÉCOLE NATIONALE VÉTÉRINAIRE**
7, av. du Général-de-Gaulle
94700
Maisons-Alfort
Tél. 01 43 96 71 00
Site Internet : www.vet-alfort.fr

> **SOCIÉTÉ PROTECTRICE DES ANIMAUX**
39, bd Berthier 75017 PARIS
Tél. 01 46 33 94 37
Site Internet : www.spa.asso.fr

> **DISPENSAIRE DE LA SPA**
8, rue Maître-Albert
75005 Paris
Tél. 01 43 80 40 66

Sites Internet

ASSOCIATIONS

> www.abyssin-somali.com
> www.fffeline.com (fédération féline française)

ÉLEVEURS DE CHATS

> www.votre-chat.info
> www.planetefelin.free.fr
> www.felichats.com

FAIRE GARDER SON CHAT

> www.frenchtoutou.com/info/garde.php

ALIMENTATION

> www.chatsdumonde.com

Index

Les numéros de page **en gras** renvoient à des illustrations.

D

E

F

G

H

I

J

K

L

M

N

O

P

R

S

T

V

Y

L’auteur

Gisela Henke travaille depuis de nombreuses années comme journaliste indépendante pour plusieurs magazines animaliers et éditeurs de manuels scolaires. Elle est à la fois rédactrice, lectrice et auteur pour les éditions Gräfe und Unzer. Elle a un faible particulier pour les chats, dont l’obstination et l’élégance la fascinent.

La photographe

Monika Wegler est l’une des meilleures photographes d’animaux de compagnie en Europe. Elle est également journaliste et auteur à succès d’ouvrages animaliers.
www.wegler.de

Toutes les photos présentes dans ce livre sont de Monika Wegler, à l’exception de Martin Poole/ Digital Vision/Getty *(p. 6)* ; Arco *(p. 66)* ; Blickwinkel *(plat 4, milieu)* ; Kirsten Cordes *(p. 32)* ; Petra Ender *(p. 36, 38)* ; Caro *(p. 33)* ; Cogis *(p. 20, 21)* ; Getty *(p. 21)* ; Juniors *(p. 20, 21)* ; Kratzbaum-City *(p. 26)* ; Mauritius *(p. 10, 77, plat 4 droite)* ; Eva Nimtschek *(p. 28)* ; Ulrike Schang *(p 0, plat 4 gauche)* ; Senior images *(p. 44, 50, 51)* ; Tanja Skomudek *(p. 34, 35)* ; Jana Weichelt *(p. 29, 6, 52, 53)* ;

Couverture : Plainpicture/amaraimages

Édition originale
Publiée en Allemagne sous le titre :
Wohnungskatzen
GRÄFE UND UNZER Verlag
Postfach 86 03 25
81630 München

GU

L'éditeur utilise des papiers composés de fibres naturelles, renouvelables, recyclables et fabriquées à partir de bois issus de forêts qui adoptent un système d'aménagement durable. L'éditeur attend également de ses fournisseurs de papier qu'ils s'inscrivent dans une démarche de certification environnementale reconnue.

L'éditeur remercie Marine Rivière pour son aide précieuse et ses relectures attentives.

Édition française

Direction : Catherine Saunier-Talec
Édition : Anne le Meur
Traduction : Christine Mignot
Relecture : Dorica Lucaci
Correction et réalisation intérieure :
Le Bureau Des Affaires Graphiques
Conception couverture :
Le Bureau Des Affaires Graphiques
Fabrication : Amélie Latsch et Francis Verdelet

Dépôt légal : août 2012
23-01-8174-01-7
ISBN : 978-2-01238174-2
Produit complet : Leo Paper (RPC)